감염병 시대의
여성 노동자

감염병 시대의 여성 노동자

차 례

추천사

편집후기

발간의 말

양순모
서울서부비정규노동센터 회원

발간의 말

『감염병 시대의 여성 노동자』는 '서울서부비정규노동센터'의 2021년 '회원주체사업' 결과물이다. 생활인 운동, 풀뿌리 조직화, 토의 민주주의를 기본 문제의식으로 삼는 서울서부비정규노동센터(이하 '서비')는 2007년 이랜드 투쟁과 월드컵지부 노조 설립에 연대해왔던 마포, 서대문, 은평, 용산 주민들과 연세대 비정규노조 설립을 함께한 학생들이 모여 2008년 출범한 조직이다. 그리고 회원주체사업은 2021년 서비의 새로운 사업으로, 회원 주도의 일상사업을 발굴·진행하며 조직의 새로운 운영상(像) 및 새로운 활동 주체의 발굴을 목표로 삼는 기획성 사업이다.

이 책을 읽어나갈 때 책을 묶는 저자 정보는 그리 중요하지 않을 것이다. 『감염병 시대의 여성 노동자』는 그 내용만으로도 충분히 독자들이 저마다의 의미를 찾아갈 수 있게끔 구성된 까닭이다. 다만 책을 매개로 이루어지는 의사소통에 관한 주요 논자들은 결국 독자는 그들 본인이 상상하고 구성한 '저자'를 중심으로 책을 이해하고 정리하게 된다고 말한다. 이를테면 특정 당사자가 제공한 보도자료가 거의 동일하게 가공되어 기사화된다고 하더라도, 기사가 실린 지면이 어떤 신문사인지에 따라 독자들은 매우 다른 방식으로 이를 인지하는 것처럼 말이다.

저자 '서비'를 처음 접하는 입장에서 첫 문단의 내용은 요령부득의 정보일 것이기에 다음과 같은 추가적인 정보들을 덧붙여본다. 1) 좀 더 구체적인 서비의 얼굴은 아래의 각주와 같다.[1] 2) 2020년 3월 서비의 주요

---

1) ○ 왜 모였는데? 뭘 하고 싶은데?
  • 나의 현장, 우리 동네에서 시작하는 누구든지 언제나 함께 할 수 있는 운동
  • 흩어지고 조각나서 잠, 일, 술만 남은 삶을 모아내고 복원하는 대안적 활동
  • 비정규노동자의 고통에 공감하고 연대하면서, 곁에 있는 이들과 함께 성장하는 운동

  ○ 서부비정규노동센터 기본 문제의식
  • 생활인 운동 : 생활인들이 직접 부딪히는 일상의 갈등과 주위 관계를 바탕으로 활동과 문제해결의 단초를 만들어 가는 운동. 한 주에 몇 시간만 내어도 비정규 연대활동을 위해 할 수 있는 일은 참 많다.
  • 풀뿌리 조직화 : 나의 현장, 우리 동네에서 시작하는 지역운동이자 노동운동, 전통적인 조직화영역 바깥에 존재하는 밑바닥 노동자들과 만나고 서로를 변화시킬 수 있도록 노력하자.
  • 토의 민주주의 : 다수결이 민주주의라는 상식(?)은 버리자. 충분한 정보와 깊이 있는 성찰, 의사소통을 통한 합의과정이 없으면 결정도 없다.

                    -서울서부비정규노동센터 소개문 中에서

사업인 '연대 사업' 관련해 당시 서비가 집중 결합하던 세종호텔 노조 투쟁이 재정비 및 모색기에 들어가며 이를 보완할 사업으로 〈감염병 시대의 노동자〉 인터뷰 가 기획되었다. 3) 2017년 이래 여러차례 토론에 부쳐 진 조직 운영 및 성격 문제와 관련하여 여러 고민 끝에 2021년 1월 서비 운영위는 조직 해산안을 제출하였 다. 4) 총회에서 해산안은 부결되었고 2021년 4월 새 로운 운영위가 조직되었다.

딱딱한 위의 정보들에 다시 조금 살을 붙여보면 다 음과 같다. 1) 이를테면 어쩌면 '동아리'와 같은 성격 의 '서비'는 다소 추상적인 가치이지만 그 안에서 저마 다의 '일상'과 더불어 '대안적'인 '운동'을 해보고자 모 인 사람들의 조직이다. 개인적으로 나는 대학에서 운 동권이 못되었지만 서비 안에서 운동이 무엇인지 느끼 고 배웠다. 2) 대구 신천지 교인 31번째 확진자로 떠들 썩하던 시절, 일상과 운동, 대안 모두가 정지된 가운데 서비는 임시적이나마 당시 상임활동가 김희연을 중심 으로 〈감염병 시대의 노동자〉 인터뷰를 기획·진행하였 다. 좀 더 자세한 내용은 기획의 말을 참조하면 되겠다.

3) 서비는 100여 명의 월 정기 납부 회원의 조직이

되었지만, 상임활동가에게 안정적인 임금을 제공하며 적극적인 사업을 진행하기엔 부족한 예산 안에서 운영되어왔다. 서비는 어느덧 활동회원과 신규회원의 수가 늘지 않고 정체된 채 상임활동가에 의존적인 조직이 되었고, 활동가의 성장보다는 소진에 의해 유지되는 조직이 되었다. 4) 총회 참석자 모두가 웃으면서 그동안을 정리하고 이별을 나누던 가운데 갑작스레 조직 해산의 건에 반대하는 의견이 제출되었고 투표결과 해산의 건은 부결되었다. 당해 운영위원으로서 매우 당황스러운 일이었으나 한편으론 다행스럽고 감사한 일이었다. 끝이라 생각했는데, 아직 끝이 아니라고 함께 약속한 셈이다.

상임활동가 없이 새로운 운영위를 꾸리며 서비는 기존의 사업들을 축소하고 작은 사업들을 하나씩 해나가고 있다. 그 첫걸음 중 하나로 『감염병 시대의 여성 노동자』가 출판된 것은 독자에게뿐 아니라 서비에게도 여러 의미가 있다. 서비와 함께하며 배운 것이 많지만 그중 하나는 함께 즐거울 것, 더 정확히는 '함께 즐겁게 싸울 것'이다. 혐오가 하나의 손쉬운 방법이 된 시대에 '운동'은 점점 더 위험한 것이 되어가고 있고, 그 화살은 저마다의 '나'에게로 향하고 있다. 자기혐오의 시대 『감염병 시대의 여성 노동자』는 함께 즐겁게 싸우기 위한 한 모색의 결과이다. 이 책이 많은 이들에게 위로를 넘어 하나의 새로운 방법을 제안해줄 수 있기를 바란다.

기획의 말

김희연
비정규 집필 노동자
2020년 서울서부비정규노동센터 상임활동가

기획의 말

'감염병 시대의 노동자'라는 인터뷰 시리즈는 말 그 대로 감염병 시대를 맞이해 기획되었다. 기획 당시인 2020년 3월경에만 해도 코로나19 바이러스가 책을 펴내는 2021년 말까지 계속될지 전혀 예상할 수 없었 다. 단순히 전에 없이 광범위하게 퍼진 감염병이었기 에 노동자, 특히 비정규직 노동자들이 감염병 전후에 어떤 변화를 겪었는지 현실을 알아보고 이후에 우리는 이러한 종류의 위기에 어떻게 대응할 수 있을지 모색 해 보려고 했다.

　인터뷰 대상자들은 몇 가지 특징으로 분류할 수 있 다. 먼저 학습지 교사, 도시가스 검침원, 재가 요양보 호사, 세 직종은 코로나 이전에도 감정노동에 시달리 고 있었다. 코로나는 이들에게 '미지의 외부 감염원'이 라는 낙인을 더해 이들은 일터에서 고객들의 냉대를 감내해야 했다. 감염 예방을 위한 추가노동에 대해서 는 지원이나 보상을 찾아볼 수 없었다. 이미 저소득 일 자리였지만 코로나로 인해 방문 횟수가 줄어들거나 사

16

라지면서 소득 감소도 겪어야 했다.

콜센터 상담원은 비대면 시대가 되면서 업무량이 늘었으면 늘었지 줄어들지 않았는데도 집합금지로 인한 교대근무나 거리두기 근무로 과중한 노동을 감당해야 했다. 또한 끝없이 말해야 하는 직업의 특성상 마스크를 쓴 상태의 호흡 문제와 감염 공포도 이들을 따라다녔다. 실제로 한 콜센터에서 발생한 집단 감염 사건으로 마녀사냥을 당하기도 했다.

손님이 끊긴 호텔의 경영진은 이 기회에 자르고 싶었던 노동자들을 잘라내고 있다. 눈엣가시인 노동조합 소속 노동자들은 표적 해고의 대상이다. 대표적으로 세종호텔은 코로나를 핑계로 거의 모든 일자리를 비정규직, 단기직, 계약직으로 전환하고 있다. 기획의 변을 쓰고 있는 이 순간, 고생하고 있는 민주노총 서비스연맹 소속 세종호텔노동조합 조합원들에게 연대의 마음을 보낸다.

양육 노동은 우리 사회의 대표적인 무임금 노동이다. 몰지각한 일부 어른들이 감염 예방을 나 몰라라 하고 나다닐 때 가정 바깥에서 배우고 성장해야 할 아이들은 오랜 기간 집에 갇혀 있었다. 원격 수업과 교대 등교를 할 때 그 아이를 돌보는 책임은 오로지 양육자의 몫이었다. 우리 사회는 아이들을 방치했고, 질식해가는 양육자들을 방관했다. 접촉하고 교감하며 커나갈 기회를 놓친 아이들과 자신의 인생을 떼어내 아이들을 돌봐온 다양한 형태의 양육자들에게 사과를 전하고 싶다.

돌아보니 여섯 명의 노동자를 만났고 공교롭게 모두 여성들이었다. 상당수는 사람들이 집에서 대면, 비대면으로 만날 수 있는 노동자라는 공통점도 있었다. 감염병 시대에도 노동은 이어지고, 정당한 대가를 받지 못하고 사회의 조명을 받지 못하더라도 여성들은 항상 일하고 있다는 사실에 주목할 수 있었다. 기획 당시에는 의도하지 않았던 결과지만 의미 있는 지점이라고 생각한다. 여성 노동자들의 자발성과 헌신성과는 별개로 여성은 비정규 노동, 돌봄 노동, 보조 노동, 그림자 노동에 종사하기를 강요당한다. 여성이 하는 노동은 사회적으로 가치를 절하당하고, 필수적이지만 보수가 적고 고된 노동에 여성 노동자가 배치된다. 인터뷰에 응해 자신의 삶을 가르쳐 준 여섯 명의 여성 노동자에게 어떤 감사를 더해도 모자랄 것이다. 모든 여성들이 코로나 이후의 시대를 잘 견뎌내기를 응원한다.

기획이나 의도와는 상당히 다른 형태의 결과물이 되었다. 알아야 투쟁도 연대도 더 잘한다. 나는 처음부터 이 한 가지 마음이었다. 비정규 노동자라고 해서 항상 옳거나 선한 사람들인 건 아니다. 우리는 자주 '우리의 투쟁이 왜 정당한가?'를 말한다. 어쩌면 이것만 말하는 것 같다. 나는 우리가 왜 옳지 못한 선택을 했을까, 우리가 왜 이렇게 보잘것없을까, 우리가 왜 이토록 미워해야 할까, 이런 생각을 더 자주 한다. 덮어놓고 투쟁하고 연대하면, 빨리 무너지고 쉽게 주저앉는다. 알아야 미워하지 않고 알아야 이해할 수 있다. 알아야 실망하지 않고 오래갈 수 있다. 알아야 저도 모르는 마음의 결을 헤아려 보듬어 줄 수 있다. 우리 서로가 서로에게 누군가 이 시대를 어떻게 버텨내고 있는지 차분히 지켜보고 들어주는 사람이 되었으면 한다.

감염병 시대의
여성 노동자

4월

세종호텔 룸어텐던트
차현숙 (1)

내 생애 첫 노동조합이고
이게 마지막이죠.
세종호텔에 안 다니면 안 다녔지
노동조합을 그만둘 수는 없어요.

인터뷰어: 김희연

내 생애 첫 노동조합,
내 생애 마지막 노동조합

2020년 3월 25일 수요일 오후, 세종호텔 앞 천막 농성 장에서 차현숙 님을 만났다. 농성 309일차, 천막 철수 하루 전, 차현숙 님은 이번 농성 마지막 당번을 서고 있 었다. 세종호텔은 코로나19로 인한 투숙객 급감으로 3 월 16일부터 4월 15일까지 정규직 노동자 전원을 쉬 게 하고 사실상 휴업에 들어갔다. (인터뷰 후 한 달 더 전면 휴업이 예고된 상태다) 민주노총 서비스연맹 소속 세종호텔 노동조합원들은 총회를 열고 호텔 앞 농성장 을 철수하기로 결정했다. 이는 끝이 아니라 새로운 시 작, 투쟁 방침의 변화를 의미하지만 농성장을 정리하는 마음이 상쾌할 리만은 없다. 코로나19라는 낯선 재해 앞에서 노동자들이 어떤 어려움을 겪고 있는지 궁금해 졌고 엎어진 김에 쉬어가는 셈 치고 그동안 몰랐던 조 합원들의 인생 이야기를 듣고 싶어졌다.

농성 309일차 천막 철수 하루 전,
차현숙 님은 이번 농성 마지막 당번을 섰다.

일하고 또 일하며 30년을 보내다

"언제 어디서 태어나셨나요?"

그동안 투쟁 상황 외에 개인사를 주고받을 기회가 없
었고 차현숙 님의 고향은 내가 매우 사랑하는 통영 사

량도라는 사실을 알고 있었기에 진부한 질문으로 대화를 시작했다. 차현숙 님의 고향마을에 가본 사람이라면 누구나 차현숙 님의 온화하고 강인한 성품이 금평항이 있는 남쪽 바다와 닮았다는 사실을 알게 되리라.

"중학교 때까지 섬에 있다가 고등학교 때는 통영으로 나와서 친구들과 자취를 했어요. 서울올림픽이 있던 해에 취직자리가 있다고 해서 서울로 왔고요."

골프장에서 경리 일을 하게 된다고 해서 서울로 왔지만 실제로 하게 된 일은 캐디였다.

"나는 그때 처음 봤지만, 서울에 와보니 골프장이 많더라고요. 실내에 앉아서 하는 일보다 바깥에서 하는 일이 재밌어서 5년 가까이 다녔죠."

캐디를 그만두고 잠시 고향으로 돌아가 동사무소에서 아르바이트를 하던 중 서울의 한 일식집에 서빙 일자리가 있다고 해서 다시 서울로 왔다. 지금까지 함께 딸 둘을 낳고 키운 배우자는 이때 요리사와 서버로 만난 사이. 이후 배우자가 분식집을 차리자 장사를 접기 전까지 몇 년은 가게 일도 함께 돌봤다.

"일자리는 바뀌었지만 일은 계속했어요. 전단지 붙이는 일, 웨딩홀 주말 알바, 닥치는 대로 다 했죠. 집에 가만히 있지는 못하는 성격이에요."

바쁘게 살아가던 중 살고 있던 셋집이 경매로 넘어가 보증금도 다 돌려받지 못하고 이사를 다녔던 일도 있었다. 차현숙 님은 결혼 후 사반세기를 은평 지역에서 살아왔다. 거주지와 일터를 거쳐 간 이야기들이 한참 축약된 버전으로 듣기에도 심상치 않은데 당사자의 구술은 심상하기만 하다.

"아이들 키우면서, 시어머니 모시면서 일을 참 많이도 하셨네요. 쉬지를 않고 열심히 사셨어요."

"그러고 보니 그랬네요."

남이 알려주고 나니 자신의 삶이 일, 그리고 일의 연속이었다는 사실을 그제야 깨달은 사람같이 담담한 대답이다.

정규직 노동자이자 노동조합원이 되다

"그러면 호텔 일은 언제부터 하셨어요?"

차현숙 님이 호텔 룸어텐던트(룸메이드)로 일하게 된 첫 직장은 그랜드힐튼호텔이었다. 용역업체 파견 노동자로 2년 가까이 드문드문 일했다고 한다. 그때 알게 된 동료가 세종호텔에 정규직 일자리가 났다고 소개해주어 2007년 세종호텔에 계약직으로 입사했고, 1년 후 노사합의로 정규직 노동자가 되었다.

"정규직 노동자가 된 건 그때가 처음이었죠. 세종호텔은 정규직 입사와 동시에 자동으로 조합 가입이 되는 유니언 숍이었어요. 회식도 자주 했고 봄가을에는 야유회도 갔고 송년회 때는 2층 홀에 모여 장기자랑 같은 것도 했어요. 분위기가 괜찮았죠."

세종호텔노동조합은 한국노총 산하의 건강하고 활기찬 노조였고 회사 쪽에서도 노조 활동을 방해하기만 한 것은 아니었다. (*세종호텔노동조합의 투쟁사는 2015년 5월에 있었던 김상진 회원의 인터뷰 참고. https://cafe.naver.com/voice2008/4238)

27

세종호텔투쟁사

세종재단 비리 사건이 발각된 후 주명건 대표이사의 해임과 이사 복귀 등을 거치며 노사 갈등은 점차 심해졌고 2011년 7월에는 복수노조 제도가 시행되기에 이른다. 사측의 종용으로 친기업 노조 쪽으로 빠져나가는 직원들이 생기고 이때 차현숙 님을 비롯한 노동조합원들은 10월부터 민주노총으로 소속을 옮겨 사측의 탄압에 대응하기로 결의했다. 2012년 1월, 38일간의 로비 점거 파업에서 승리한 세종호텔노조는 6월에 다시 합의사항 이행을 요구하며 투쟁을 시작했다. 그러던 와중에 2013년 5월부터 열린 목요집회가 코로나19를 맞아 2020년 3월 중지된 것이다.

"투쟁을 하고 나서는 늘 선전전과 집회를 해야 하니까 우리끼리라도 회식이나 야유회를 할 시간이 없어졌죠."

조합원들은 해고와 부당한 인사발령으로 몇 년을 시달렸고 차현숙 님도 객실이 아니라 로비 청소로 발령이 났다. 로비 청소는 이전까지 외부 용역업체 직원이 하는 일이었고 '인건비 절감과 이미지 향상'은 회사 측의 허울 좋은 변명일 뿐 조합원 괴롭히기의 방법으로 고안한 것이었다.

"몇 년 동안 노조가 지기만 한 건 아니에요. 작은 승리지만 투쟁의 성과로 2018년 말 2년 만에 룸어텐던트로 복귀할 수 있었던 거죠."

업무 지시를 빙자한 강압 행위들과 해고되거나 노조를 떠나는 동료들과의 이별을 겪으며 마음이 얼마나 고달팠을지 누가 헤아릴 수 있을까.

"힘든 일이 많았는데 노동조합 활동을 계속하실 거예요?"

"내 생애 첫 노동조합이고 이게 마지막이죠. 세종호텔에 안 다니면 안 다녔지 노동조합을 그만둘 수는 없어요. 내 입으로 우리가 투쟁하자고 해놓고 내가 노동조합을 떠나면 앞뒤가 안 맞죠."

차현숙 님은 친 회사 노조를 '저쪽', 자신의 노조를 '우리'라고 불렀다. 우리는 저쪽과 달리 우리만이 아니라 전체 직원들을 위해 모여 있으니까 우리를 떠날 수는 없다고 했다.

2007년부터 일한 세종호텔 앞에서

코로나19가 가져온 위기

인생도, 노동조합 활동도 더 들어야 할 이야기가 쌓였지만 감염병 시대에 노동자들이 어떤 어려움을 겪고 있는지 알기 위해 만난 자리다 보니 화제를 바꾸어야만 했다.

"이번 코로나19 바이러스의 영향은 언제부터 느끼셨나요?"

"우한발 바이러스 감염이 터졌다고 할 때부터 야금 야금 손님이 줄다가 진행 속도가 빨라지고 대구 신천지 신자들의 확진 이후에는 완전히 바닥을 쳤어요. 마침 예약된 결혼식이 있었는데 가족을 빼고 손님이 스무 명도 되지 않는 것 같더라고요."

3월 초에 BTS(방탄소년단) 공연을 보러 들어올 예정인 케이팝 팬들과 도쿄올림픽이 개최될 경우 경기를 보고 한국까지 둘러보는 해외 관광객을 기대하고 있었기에 세종호텔 측은 2020년 특수를 준비하고 있었다고 한다. 코로나19의 여파로 공연과 올림픽이 취소되면서 만실이었던 객실도 전부 예약이 취소되었다.

"2월이 되자 회사가 무급휴가를 받기 시작했고 조합원들은 대부분 응하지 않았지만, 개학이 미뤄진 아이들을 돌봐야 하고 회사의 눈치가 보인 사람들이 무급휴가를 신청했죠."

3월 16일부터 세종호텔은 최소 인원만 남기고 휴업에 들어갔다. 정규직 노동자들은 정부의 고용유지지원금으로 70%의 임금을 받는다. 호텔은 예약된 객실과 연회를 위해 계약직 일부를 최소인력으로 유지하고 주 4일 근무에 80%의 임금을 주고 있다고 한다.

"2~3월에 계약 만료인 주방의 계약직 노동자들은 재계약을 하지 않았어요. 코로나가 아니었으면 재계약을 했을 사람들이죠. 4~5월에도 마찬가지일 것 같고요. 용역업체 계약직은 더해요. 6년 이상 일하던 분이 용역업체와 재계약을 못 했다고 하더라고요."

세탁, 청소 등의 일을 하며 세종호텔과 직접 고용이 아니라 용역업체와 계약되어 있는 파견 노동자들은 세종호텔이 책임지지 않기에 어떻게 지원금을 받고 있는지 알 수 없었다. 차현숙 님이 전해 듣기로는 용역업체와의 계약 해지로 잘려 나간 사람들도 상당수라고 한다. 세종호텔 회사 입장에서는 코로나19로 인한 영업 손실은 있어도 인건비 손실은 없다. 호텔의 상시 업무는 정규직 직접 고용이어야 한다는 원칙이 얼마나 중요한지 코로나19가 드러내 주고 있었다.

"용역회사와 계약한 분들 중에는 호텔에서 일하지 않는 날 아르바이트를 하시는 분들도 있었는데요. 지금 정규직도 쉬는 마당에 아르바이트 자리가 어디 있겠어요?"

2015년 메르스 감염 때는 객실 손님이 줄었어도 연회나 식사를 담당하는 업장 쪽은 활발했다고 한다. 그때 호텔은 손이 비는 룸어텐던트를 업장의 헬퍼로 돌려 운영했다. 이제 몇 년 주기로 장기화되는 감염병에 대비해 상시적인 대안이 필요해졌다.

"다음에 또 이런 감염병이 돌면 회사나 사회가 무엇을 했으면 좋겠어요?"

"그러게. 어떻게 해야 하나. 감염병 때는 이렇게 할 수밖에 없을 텐데. 최저 생계비를 맞추고 소득별 차등 지원을 하면 어떨까요?"

그렇지 않아도 적은 임금이 70% 삭감을 하면 최저임금이나 최저생계비에 미달하는 경우가 허다하다. 소득에 따라 차등 지원을 할 수 있는 정책과 수단들이 준비되어 있지 않으면 언 발에 오줌을 누는 주먹구구 해법밖에 없다. 저소득 노동자들의 삶은 감염병과 더불어 무너져 가고 있다. (*11월로 이어집니다.)

5월

학습지 노동자
유득규

1999년에
노동조합 초기 구호 중 하나가
'아홉 시 뉴스 보며 저녁밥 먹고 싶다'
였는데,
지금 그렇게 하고 있네요.
코로나의 역설로...

인터뷰어: 박창용

우리가 살고 있는 이 삶이
이미 완성이라는 마음으로

방문 학습지 교사이자 오랜 시간 꾸준히 노동조합 활동을 해온 유득규 회원을 만났습니다. 이번 인터뷰를 진행하면서 유득규 회원에게서 얻은 키워드를 한 가지 꼽자면 '쿨함'이었습니다. 급하게 잡힌 일정임에도 불구하고 제가 시간과 장소를 결정할 수 있도록 흔쾌히 배려해 주셨어요. 그 마음이 고마워서 꽃과 간단한 저녁을 사가기로 했답니다. '드시고 싶은 거 있으세요?' '뭐든 잘 먹어요.' 쿨함이 뚝뚝 떨어지는 문자 회신에 힘입어 기세등등하게 제가 먹고 싶은 걸 사 갔고, 히아신스를 옆에 둔 채 시장 육전과 김밥으로 허기를 달랬습니다. 역시 쿨하게 음식을 다 먹었지요. 그렇게 우리는 망리단길 인근 합정동에 소재한 전국학습지산업노동조합 사무실에서 대화를 시작했습니다.

히아신스 꽃과 히비스커스차, 유득규 회원이 주차된 차를 옮기러 간 사이에 찍은, 오늘 인터뷰의 콘셉트 사진.

오늘 무슨 일을 하고 오셨어요?

회원 관리하고 오는 길이에요. 쉽게 말하면 수업이죠. 재능교육에서는 수업이라든가 가르친다는 표현 대신 '회원 관리'라는 말을 씁니다.

아, '회원의 학습을 관리한다'는 뜻이군요?

그렇죠. 하지만 사실상 '가르치는 일', '수업'을 할 수밖에 없어요.

코로나 유행 때문에 '관리해야 하는 회원'이 많이 줄었을 것 같습니다.

네, 많이 줄었어요. 1/3 정도? 사실 코로나 때문에 회원이 줄고, 아직 회원인 아이들도 학교에 가지 않으니 우리가 이 시간에 이렇게 만날 수 있는 거예요. 수업 자체가 줄었을 뿐만 아니라 일찍 끝나는 거죠. 코로나로 인해 상황이 이렇게 변하기 전에는 일찍 마치면 여덟 시, 보통은 아홉 시나 열 시에 수업이 끝났죠. 1999년에 노동조합 초기 구호 중 하나가 '아홉 시 뉴스 보며 저녁밥 먹고 싶다'였는데, 지금 그렇게 하고 있네요. 코로나의 역설로…….

방문 학습지 교사들의 고충을 보여주는 상징적인 문구로군요. 의도치 않았겠지만, 일찍 퇴근하는 생활은 어떠신가요?

사실 처음에는 적응을 하지 못했어요. 근래에 다섯 시에서 일곱 시 사이에 일을 마치고 나서 저녁을 어떻게 보내야 할지 그런 생활을 해 본 적이 없어서 굉장히 낯설었지요. 귀가하지 않고 방황을 하기도 했어요. 사무실 가서 교재 정리 등 일을 한다든가. 장을 본다든지…….

아주 오랜 시간 저녁이 없던 삶에 갑자기 저녁이 생겼으니 그럴 것도 같습니다.

그래도 지금은 '저녁'을 어느 정도 잘 쓰고 있답니다. 원래라면 아홉 시, 열 시에 퇴근하여 열 시, 열한 시에 귀가한 뒤 이것저것 주변 정리를 하면 새벽 한 시가 훌쩍 넘죠. 그마저도 노동조합 일이라든가 한국어 수업 준비 등을 하면 새벽 세 시쯤인데, 그렇게 잠이 달아난 채로 한두 시간 뜬 눈으로 있다가 다섯 시 무렵에야 잠들 수 있었어요. 다시 아침 9시에는 하루를 시작. 그게 일상이었어요.

이제 이른 저녁에 어느 정도 적응하여, 코로나 유행 전 늦은 밤 집에 와서 하던 일들을 몇 시간씩 당겨서 알차게 보내고 있습니다. 열두 시 내지 한 시에 잠드니까 아침 일찍 눈이 떠지더라고요. 심지어 초저녁에 잠이 든 적도 있어요. 그래도 일상에 아무런 문제가 일어나지 않았어요. 신기하게…… 이렇게 아침이 상쾌할 수 있다니! 이렇게 상쾌한 삶이 있다니!

뭐랄까요, 진심 어린 감탄이 느껴집니다. 계속해서 저녁을 누리시면 좋을 텐데 말입니다.

네, 하지만 슬프게도 이 좋은 저녁 시간은 제 생계비와 바꾼 거라서 오래 유지되면 큰일 나요. 사는 데는 경제적인 것도 필요하니까. 워낙 많은 회원이 사라지는 바람에 회원복구와 '순증'을 해야지요.

'순증'이 뭔가요?

'순수 증가'의 줄임말이에요. 그만두는 회원도 있고 새로 시작하는 회원도 있는데, 두 경우를 합하여 순수하게 회원이 증가하는 경우를 말하지요. 학습지 교사에겐 순증이 중요해요. 회원 수가 늘면 받는 회비가 많아지니 수수료가 많아지고 '수수료율'도 상승하니까요.

또 모르는 표현이네요. '수수료율'에 대해서 설명해 주시겠어요?

회원의 회비에서 교사가 받는 금액의 비율이에요. 이를테면 처음 교사를 시작할 때는 제가 회원을 증가한 게 없잖아요. 그럼 순증이 0이에요. 그러면 교사는 회원한테 받은 회비의 38%(죄송해요. 정확하게 처음 시작이 기억이 안 나네요)를 수수료로 받아요. 그런데 일을 잘해서 순증 10을 하면 1%를 더 올려 받아요. 순증은 계속 누적되어 수수료율(지급률)이 결정돼요. 순증이 높을수록, 수수료율이 높아지고, 교사의 수입도 늘어나는 시스템입니다.

아, 그렇다면 반대의 경우라면 회원 감소와 함께 수수료율도 줄게 되겠군요.

그렇죠. 수입이 단순히 사라진 회원 수에 비례하여 줄어드는 게 아니라, 회원이 '얼마나' 줄었느냐에도 영향을 받는 셈이죠.

경제적으로 위축될 수밖에 없을 듯합니다. 수입이 줄면서 크게 바뀐 일상이 있나요?

글쎄요, 코로나 위기가 갑자기 왔잖아요. 학습지 교사들 받은 회비에 따라 임금(수수료)을 받기 때문에 지금보다도 앞으로가 더 문제가 될 거라고 예상해요. 회원들의 회비는 선불이고, 교사는 약 30일 후에 수수료를 받는 시스템이에요. 코로나 긴급 사태 전에 회비를 받은 게 있으니까요. 원래 쇼핑 등 사소한 돈을 많이 쓰는 편은 아니라서. 근데 고정적으로 들어가는 돈들이 있으니까 갑갑하죠. 살면서 경제적으로 두 번의 큰 위기가 있었는데 한 번은 가압류, 한 번은 해고. 그런 위기가 또 오지 않을까, 아니, 오고 있구나! 하고 예상합니다. 예전에는 갑자기였고 지금은 예상할 수 있는 문제인데 어떤 게 더 나은 건지는 모르겠네요. 어차피 둘 다 대안은 없는 거니까요.

히아신스를 두고 돌아서서 업무를 보는 유득규 회원. 쿨하디 쿨한 그이지만 앞모습촬영은 끝내 불허했다. 아무리 쿨한 사람이라도 모든 면에서 쿨할 수는 없다는 지식을 되짚게 만드는 사례였다. 그럼에도 그는 내가 한 손에 꼽는 쿨한 사람이다.

회사의 분위기는 어떤가요?

신입 사원이 늘었습니다. 아무래도 코로나의 영향으로 직장을 잃은 사람이 많기 때문이겠죠. 비교적 진입 장벽이 낮은 학습지 노동 시장에 유입되는 현상이랄까요. 회사 입장에서는 좋은 일이죠. 학습지 교사의 업무라는 게 보험 영업과 비슷한 속성이 있어서, 신입 교사가 주변 지인을 가입시키는 방식으로 기본 회원을 확보하면 결국 회사의 수익은 느는 구조니까요. 이런 마당에 회사는 기존 교사의 '교실'을 분리하여 신입 교사와 분담하라는 식으로 압박을 줍니다.

'교실'이란 무슨 뜻인가요?

간단하게 말하자면 교사 한 명이 관리하는 지역이라 보면 됩니다. 그러니까 교실을 나눈다는 건 회원을 나눈다는 뜻이고, 결국 수익을 나눈다는 뜻이지요. 사측이 조합원에게 교실을 빌미로 압박을 줘서 조합 활동에 영향을 끼치는 사례도 있어요.

노동조합 활동을 하지 말라는 으름장 또는 보복처럼 느껴지네요. 이런 상황에서 노동조합 활동에도 변화가 있는지 궁금합니다.

확실히 비조합원의 관심이 많이 늘었죠. 이 힘든 시기에 가질 수밖에 없는, 일종의 기대감 같은 것일 수도 있고.

어찌 보면 기회 아닌가요?

그렇다고 볼 수도 있겠지만, 쉽지 않은 것 같아요. 교사들이 싸움에 참여할 수 있는 장을 만드는 게 중요할 텐데, 정말 어려운 일이죠. 제가 조합원으로서 활동을 아주 열심히 하는 것은 아니지만, 그래도 어떻게든 지금 시기에 비조합원의 적극적인 활동을 끌어내는 조합의 역량 내지 방식이 고민이에요.

꼭 이런 시기가 아니라도 항상 고민을 하셨을 것 같아요. 노동조합 얘기가 나온 김에, 어떻게 노조 활동을 하게 되었는지 말씀해주시겠어요?

학교 다닐 때 학생운동을 조금 했어요. 졸업 후 현장도 갔고, 현장에서 열심히 일을 하고 있는데, 소비에트가 무너지고, 사람들이 떠나고, 남아서 활동을 좀 더 하다가, 집으로 돌아왔지요. 집에 돌아가니까 엄마의 반응은 '내 이럴 줄 알았다'였어요. 그게 또 싫어서,

'독립해야겠다' '벌어먹고 살아야겠구나'라는 생각으로 학습지 교사를 시작했습니다. 학습지 교사가 뭔지도 제대로 모르고 시작했지요.

그럼 그렇게 학습지 교사가 된 후 노동조합 활동을 하게 된 것은 운동권 출신이기에 가진 몇 가지 경로라고 할 수 있겠군요.

그건 또 아니에요. 학교 다닐 때는 선배의 말을 따르는, 시대를 따르고, 뭐 그런 방식이었지요. 하지만 학습지 노조 활동은 내 필요에 의해서 시작하게 되었습니다. 재능교육에 입사한 이후에는, 나 먹고살기 위해 일을 했고, 그 속에서 내가 힘들어서, 동료가 힘들어해서 노동조합 활동을 했던 셈이죠. 누군가는 저의 노조 활동을 학생운동의 연장선상에 있다고 보는 경우도 있는데, 저는 두 활동은 별개로 봐요.

노조 활동 외에 하시는 것이 있다고 들었습니다. 관련하여 이래저래 들은 건 많지만, 구체적으로 알고 싶어요.

김포외국인주민센터에서 한국어 강의를 하고 있어요.

어떤 계기로 시작하시게 되었는지요?

한창 농성을 하던 시기였어요. 〈관련 이야기: https://cafe.naver.com/voice2008/3825, (2)https://m.cafe.naver.com/voice2008/3838 〉 농성 중엔 내 삶이 없었어요. 회사와 싸우고, 조합원과 싸우고, 끊임없이 나를 갉아먹으며 버티던 시간이었지요. 노동조합 활동, 곧 농성 외에는 내 삶에 아무것도 없었어요. 그렇게 시간이 지나면서, 이렇게 있다가는 내가 나를 다 갉아먹어 없어지겠다. 정말 이대로는 안 되겠다, 이래선 안 되겠다, 살기 위해서는 농성 투쟁이 아닌 잠시 다른 생각을 할 시간이 필요하다고 생각했어요.

재능교육 투쟁 관련 기사

재능교육 투쟁 관련 서비 입장문

그러다 '뭔가를 배워야겠다!'라고 생각했어요. 농성 외에 마음을 쓰기 위해 뭐든 배우기로 한 거죠. 목공을 배우고 싶었지만 이내 포기했죠. 목공 수업은 정해진 시간이 있잖아요. 농성 중에 급한 상황이 생겼는데 '나 목공 수업 있어서 간다.'라고 어떻게 말을 하겠어요. 그래서 한국어 교원 자격증 공부를 시작했지요.

한국어 교원 자격증을 선택하신 이유가 있나요?

특별한 이유가 있는 건 아니에요. 일단 아까 얘기한 것처럼 목공을 배우듯 따로 시간이나 공간에 제약이 있는 것이 아니었던 게 한 가지 이유입니다. 농성장에서 의무 시청 강의 영상을 틀어놓고 노조 일을 보기도 했어요. 그리고 결국 따게 되었죠. 농성이 끝나고 센터에서 강의를 시작했습니다.

강의조차도 코로나에 영향을 받았을 것 같습니다.

물론이죠. 며칠 전에는 화상으로 수업을 진행하는데, 가르치는 사람이나 배우는 사람이나 컴퓨터도 익숙하지 않고 서로 말도 잘 안 통하고 그러니 한참 애를 먹기도 했어요.

준비한 질문은 모두 끝났습니다. 어려운 시기 함께 겪고 있는 서비 회원들에게 응원 또는 격려 한 말씀 부탁드려요.

제가 응원이나 격려와 같은 말을 할 자격이 있을까 모르겠네요.

자격이 따로 있겠습니까. 애정을 담아 한 말씀 해주세요.

이리 부탁을 하시니, 음, 뭐랄까요.

굳이 뭔가 애쓰지 않아도 괜찮다, 라고 얘기하고 싶네요. 무언가를 열심히 해야 한다, 무언가가 되어야겠다, 이런 결심을 하고 또 노력을 하지 않아도, 여기 이렇게 있는 것만으로도 우리 모두가 충분히 완성된 삶을 사는 것 같아요. 그냥 있는 그대로 더 보탤 것 없이 모두가 완성품이라고 할 수 있겠지요.

제가 원래 안달이 나던 사람이었어요. 무언가를 하지 못하거나, 해야 할 일이 있으면 좀이 쑤시고 안달이 나서 스스로 못 버티던 부류였지요. 돌이켜 보면 안달 나서 무언가를 했든 안 했든, 보는 관점에 따라서 항상 후회는 남게 마련이거든요. 어떤 삶이든 그럴 수밖에요.

그러니 우리가 살고 있는 이 삶도 이미 완성이라는 마음을 가지면서 평온을 갖기 바랍니다.

6월

도시가스 검침원
김윤숙

점검을 요청하셔서 갔더니
알코올을 제 온몸에 분사하는 거예요.
저를 바이러스 취급하는 것이,
그분은

"내가 코로나 때문에
우리 가족이랑 집에 있는데,
네가 오는 것이 불편하다."

라는 것이죠. 이해는 가지만 그래도...

인터뷰어: 양순모

반 계단만이라도

5월의 마지막 월요일, 서비의 새로운 보금자리 회의실에서 김희연 상임활동가와 함께 김윤숙 공공운수노조 서울도시가스 분회장님을 만났습니다. 잊어버리고 싶은 기억을 환기하는 질문들 가운데, 차분하게 그리고 친절하게 대답해주시던 목소리는 녹음된 파일을 거듭 재생해 들어도 참 인상적입니다. 낯선 이웃의 고통을 들추어 보고 기어이 드러내는 일이 우리에게 어떤 변화의 계기로 작용할지, 자꾸 움츠러들게 되는 것이 사실이지만, 대화 내내 분명하게 느낀, 저 고통을 표현해 내는 '힘'을, 그것을 가능하게 했던 어떤 '믿음'을 부디 함께 느낄 수 있으면 좋겠습니다.

개인 김윤숙

안녕하세요. 분회장님. 질문지를 드렸는데, 미리 작

성해 보내주셔서, 깜짝 놀랐습니다. 마음의 준비만 하시라고 보낸 거였는데……. 감사합니다.

제가 두서없이 얘기하는 편이에요. 대답하다 보면 샛길로 빠지곤 해요(웃음). 저만의 일이 아니라 우리(도시가스 검침원) 모두의 일인데, 대표성을 가지고 얘기를 나누는데, 정말 중요한 것을 놓칠까 봐요.

감사합니다. 그럼 먼저 편한 질문부터 시작할게요. 취미를 여쭈었는데, 여행을 좋아하시지만, 직장생활로 어렵다고 말씀해주셨어요.

맞아요. 여행 다니는 일이 좀 어려운데, 저희 근무형태가 간주근로제[2]예요. 간주근로제가 뭐냐면 출퇴근 시간이 따로 없는 거예요. 현장으로 바로 가서, 맡은 관리 지역 업무를 시작해요. 그렇게 어느 정도의 할당량을 현장에서 정해진 기간 동안 하면, 그것을 일을 했다고 간주한다, 해서 간주근로제예요. 그런데 저희가 원하는 것은 간주근로제가 아니라, 출퇴근제를 원해요.

---

2) 간주근로제: 근로기준법 제58조(근로시간 계산의 특례)에 근거해 사업장 밖에서 노동하여 노동시간을 산정하기 어려운 경우 간주근로제를 적용하는 것으로 본다.

얼핏 간주근로제가 더 좋아 보이는데, 아닌가요?

처음에 제가 입사하게 된 것이, 지인이 그러더라고요. 제가 작은 분식집을 운영하고 있었는데 너무 힘들어하는 모습을 보며, 그분이 '도시가스 점검원 일을 하면 어때요?'라고 물어봐 주셨어요. 급한 아이 일로 학교나 병원, 은행 일도 업무시간에 잠깐잠깐씩 볼 수 있다고 하니, 그럼 가정주부로서는 너무 좋잖아요. 그런데 막상 일하다 보니까 그것이 실상 그렇게 쉽지가 않아요. 회사에서도 급한 일, 개인 볼일 보고 남은 시간에 일할 수 있다고 말하지만, 일이 너무 많아요. 주말 포함해 365일이 업무시간이에요. 들어와서 알게 되었어요.

일이 너무 많은 것이 문제군요. 보통 하시는 기본적인 업무는 어떻게 구성되어 있나요?

기본적으로 검침 일을 해요. (납기일이 세 개로 나뉘어 있어서) 6~11일, 16~21일, 26~31일 이 기간에는 검침 일을 해요. 그리고는 검침한 내용을 가지고, 요금 고지서를 보내는 송달이라는 작업을 해요.

그럼 주로 검침-송달 업무를 하시고 그 사이사이에 송달을 위한 작업을 하시는 건가요?

예. 맞아요. 세 납기에서 10일 정도를 검침을 해야 하고, 송달은 5일 정도 걸려요. 한 달에 3500전(*3500세대, 계량기 단위를 '전'이라고 함)을 돌아야 해요. 검침과 송달 포함해 3500전을 꼭 두 번을 돌아요.

각각 검침하고 송달하면 그렇겠네요.

그리고 남는 시간에는 안전점검 일을 해요. 열흘 정도는. 검침, 송달 업무가 빨리 끝나면 11~12일 정도는 점검 일을 합니다. 점검은 3500전을 6개월 안에 해야 해요.

6개월에 한 번씩 하는 정기 점검 일이요? 그럼 한 달에 10일 이상을 점검 업무에도 집중하셔야 한다는 말씀이신 건가요?

맞아요. 한 달에 500~600전 정도씩요. 그런데 그게 쉽지 않아요. 하루에 100집 정도를 방문하는데, 완전히 점검 완료하는 곳이 30~40곳 정도밖에 못 돼요. 나머지는 그냥 문만 두들기고, 검침원이 방문했다고 메모를 남겨요. 담당 지역을 뱅글뱅글 돌면서, 혹 그 사이 (고객에게) 연락이 오면 방문하고 그러는 식이에요.

검침은 그나마 계량기가 외부에 있어서, 꼭 대면 업무를 하지 않아도 가능하지만, 점검은 꼭 대면 방문을 해야 하는 거죠?

검침도 외부에 계량기가 있으면 쉽지만, 요즘은 내부에 놓는 경우도 있어요. 외관의 미관상 좋지 않다고요. 고객이 바깥에 적어놓거나 그러면 좋은데, 자주 깜빡하시는 것 같아요. 그리고 새로 지은 아파트들은 관리사무소에서 검침 숫자를 다운받을 수 있어요. 그런데 관리사무소 분들이 자료를 그냥 주지 않고 뭔가를 요구할 때가 있어요. 음료수라도 사가거나 해야 하는데, 사람 따라 다른 것이긴 하지만, 간혹 그런 경우 저희들이 참 어렵고 난감해요,

대단한 갑질이네요. 무엇보다 업무도 너무 많으시고……. 분위기를 좀 바꿔서, 바쁘신 가운데에도 혹 시간 나시면 어디 가보고 싶으신 곳 있으세요?

보길도요. 거기가 좋다고 그래서. 한번 기차여행을, 가족과 함께 가고 싶어요. 30년 살면서 가족여행을 딱 한 번밖에 못 갔거든요. 무엇보다, 일하면서 너무 사람들에게 치이다 보니까 호젓하고 조용한 그런 곳에 가고 싶은 것 같아요.

검침원 일 하시기 전에도 일을 계속하셔서 시간이 없으셨던 거예요?

두 아이가 연년생이라, 어떻게 시간을 내기가 어렵더라고요. 애들이 중학교 들어가고 나서야 조금 시간여유가 생겼는데, 또 돈이 필요하더라고요. 학원도 보내야 하고 과외도 시켜야 하고. 그래서 이런저런 일을 해야만 했어요.

간주근로제는 출퇴근 시간은 따로 없지만 365일이 업무시간인 셈이다.

도시가스 검침원 김윤숙

  도시가스 검침원 업무 관련해서 질문을 좀 이어갈
게요. 질문지에 2005년에 입사하셨다고 말씀해주셨는
데, "개인 볼일을 볼 수는 있으나 잠들기 전까지는 고
객 전화 연락 등으로 5분대기조와 같은 퇴근이 없는

업무"라고 말씀해주셨어요. 좀 더 자세히 말씀해주실 수 있을까요.

그게 바로 간주근로제인 거예요. 2005년에 입사해서 3600전을 할당받았어요. 저희가 방문하면서 안내문을 붙여놓아요. 제가 '왔다 갑니다, 연락 주세요'라고요. 고객님이 대개 저희 업무시간에는 집에 안 계세요. 직장 나가서서. 퇴근 후에 점검해 달라고 요청을 받으면, 그럼 저희는 언제든 가야 하는 거예요. 거절을 하기가 어려워요. 회사에서 민원 발생시키지 말라고 하고, 그리고 고객에게도 그렇게 말하기가 어려운 게, 일 년에 두 차례씩 계속 그 집을 방문해야 하니까요.

지역이 쉽게 바뀌지 않는 건가요?

바뀌기도 하는데, 바뀌는 것을 저희가 원치 않아요. 한 번, 두 번 방문하면 어느 정도 파악이 되잖아요. 방문 가능 시간이라든가, 고객의 성향 같은 것들, 이를테면 좀 더 꼼꼼하게 점검을 원하시거나, 또 보일러실이 어디에 있는지 등등. 지역이 바뀌면 새로운 지역 파악하는 데도 시간이 걸리고, 고객도 낯선 방문자를 원치 않고요, 우리도 지역을 익히기 전까진 시간이 걸려요,

회사가 가끔은 갑질로 '담당 지역을 확 돌려버릴 겁니다.' 하고 압박을 주기도 해요.

그렇네요. 사람이 각양각색이어서 점검을 너무 오래 한다고 뭐라 그러기도 하고, 너무 짧게 한다고 뭐라 그러기도 하고 그럴 것 같아요.

맞아요. 어떨 때는 아침에 가면 아침에 왔다고 불평하시고, 저녁에 가면 저녁에 왔다고 불평하시고 그러세요. 그렇게 일하다 보면 내가 욕받이구나, 라는 생각이 들어요. 어떤 분들은 좀 심하게 말하기도 하는데, "내가 너 점검 때문에 집에 있어야 하냐? 월차를 내야 되겠어?" 그렇게요. 그런데도 저희가 가야만 하는 건, 100% 점검을 완료해야 하기 때문이에요. 3600전 한 집도 빠짐없이.

안 하면 어떻게 되어요?

회사에서 압박이 있어요. 해고를 하거나 그렇지는 않은데, "너 때문에 팀이 성과가 좋지 않다. 여기, 여기 집은 다시 한 번 찾아가라" 그렇게 지시해요. 그래서 밤 12시에도 점검을 간 적이 있어요. 무서우니까 신랑이랑 같이 가서, "여기 잠깐만 서 있어"라고 부탁해서요. 또 어떤 가게 장사하시는 분은 새벽 6시 이전에는 집에 있을 수 없다고 그러셔서, 꼭두새벽에 가야 했던 적도 있어요.

100%가 불가능할 것 같은데요.

맞아요. 외국에 사시거나, 지방에 사시거나, 병원에 계시는 분들도 계시고요. 장기 미입주, 미사용 세대는, 몇 년째 잠겨있는 세대는 못 하는 거예요, 거부하는 세대도 있고요.

코로나 때는, 왔다고 뭐라 그러시는 분들도 계실 것 같은데……

잠정 중단하라는 시기가 있었어요. 2월 말부터 3개월 정도는요. 그래도 점검을 요청하셔서 갔더니 알코올을 제 온몸에 분사하는 거예요. 저를 바이러스 취급하는 것이, 그분은 "내가 코로나 때문에 우리 가족이랑 집에 있는데, 네가 오는 것이 불편하다."라는 것이죠. 이해는 가지만 그래도……

너무하네요. 손 닿는 곳만 그렇게 하면 되는 건데, 사람 기분만 나쁘게 하는 것 같네요. 그런데 점검이 그 중단한 기간만큼 밀린 거 아닌가요?

맞아요. 밀렸어요. 그래서 문자로 말씀을 드려요. '고객님 점검을 받으시겠습니까.' 묻고 오라고 하면 가고, 거절하면 하반기로 미루고 있는데, 회사는 그래도 상반기 한 달 안에 어떻게든 해 보라고 하는 거예요. 회사는 본사에 미점검의 증거자료를 내길 원하는데, 거부나 점검실적이 필요한 거예요. 이 상황이 특별한 상황인데, 말단에 있는 저희들이 어떻게 갑자기 넘치는 점검을 해결하겠어요.

저도 문자를 여러 차례 받고 오시라고 그랬는데, 선의가 오히려 도움이 안 되었던 거네요. 거절할 걸 그랬어요.

검침 기간에도 검침기가 내부에 있는 경우에는, 문자로 연락을 드리는데, 그것도 점검 때와 비슷한 경우가 반복되기도 해요. 사실 그런 분들이 그렇게 많지는 않지만, 너무 힘들어요. 아무튼 그렇게 간주근로제 때문에 24시간이 업무시간이라 전화를 받아야 하고, 민원을 체크해서 정리를 하고…….

업무 내용도 문제지만, 업무시간만큼은 꼭 정해서 개선이 되어야 할 것 같은데요.

업무가 핸드폰과 PDA를 연계해서 사용하는데, 지금은 다 그렇게 안내하고는 있어요. 본사에서 '9시부터 저녁 6시까지 통화 가능합니다.' 라고요. 그런데 그동안 죽 아무 때나 해왔잖아요. 그러다 보니 고객님들에게 아직 자리는 잡히지 않은 것 같아요. 저는 업무이후 시간에는 PDA를 꺼 놓기도 하고, 문자만 확인하고 그러지만, 아직 회사에 노조원이 그리 많지 않아서, 대개 여전히 관행대로 이루어지고 있어요.

그리고 질문지에 미리 적어주신 것 중에, 2만 세대 방문도 과언이 아니라고 하셨는데.

왜냐하면 규정이 있어요. 산업통상자원부 규정에 시설 점검 관련해 1인당 단독은 3,000세대, 공동, 아파트는 4,000세대예요. 우리가 3500~600세대를 맡고 있는데, 예외 조항이 고객이 거부하거나 부재 3회 이상이면 더 이상 안 가도 되어요. 그런데 3년 전 노조

들기 전에는, 열 번이고 스무 번이고 찾아가고, 또 가스를 중단하겠다는 안내를 붙여야 했어요.

쓸쓸한 얘기지만, 적어주신 에피소드 중에 방문 시에 개에게 물린 적도 많으시다고…….

개 기르는 집이 많아요. 대부분 "우리 집 개는 안 물어요."라고 말은 하시는데, 개 입장에서 우리는 낯선 사람이니까, 많이 물더라고요. 그래서 요령이 좀 생긴 것이 "제가 정말 개를 무서워해요."라고 말씀드리면서 가둬 두거나 안고 있거나 식으로 부탁을 드리는데, 아무래도 싫어하세요.

조금 질문을 바꿔서, 일하시면서 느끼는 보람 혹은 자부심도 적어주셨는데, 말씀 부탁드릴게요.

제가 뭔가 사람들에게 부탁하거나 그런 것을 어려워해요. 제 일은 판매가 아니라 검사를 하고 무엇보다 안전을 체크하는 거잖아요. 검사를 하면서 가스 새는 것을 발견하면, 너무 감사해요. '다행이다. 내가 이 시점에 이곳을 점검을 해서 조치를 취할 수 있어서, 정말 다행이다.' 그런 자부심은 있어요.

신문 기사들 보니까, 기계로만 단순히 할 수 있는 것이 아니라고 하던데.

오래 다니다 보니까, 코가 먼저 반응해요. 그리고 검지기로 미세한 부분을 잡아내는데, 폐가스 누출의 경우에는 검지기로 잡을 수도 없어요. 폐가스가 외부로 나가다가 다시 들어오면 사람들이 다쳐요. 저번에 강원도 펜션 사건처럼.

은평구 대성고등학교 학생들이 다녀갔던…….

저도 기사를 확인했는데, 연통이 틀려 있더라고요. 연소된 폐가스가 연통으로 나가는 것이 아니라 집 안에 머물게 되는데, 그 가스는 공기보다 무거워요. 그래서…….

그 이후로 검침은 더 강화되었나요?

사고가 날수록 저희가 검사해야 할 것은 더 많아져요. 처음에는 3~40가지 체크사항에서 지금은 배로 늘어난 점검 사항이 있어요. 연통 빠져 있는 것은 눈으로 반드시 확인해야 하고, 그것이 제일 위험해요. 인사

사고를 볼 때마다, 저희들이 하는 일이 그렇게 중요한 일인데……. 그럼에도 단순한 일이라 취급하고. 3500 세대를 점검하게 하는 것이, 그건 정말 많은 업무예요. 한 집 한 집 꼼꼼하게 검사해야 하는 건데, 지금 구조상으로는 그것이 불가능해요.

업무 관련해 여성 노동의 특수성을 여쭙지 못했어요. 신문 기사들을 보면 분회장님께서 많이 강조해주신 부분인데, 불편한 질문이지만 말씀을 부탁드릴게요.

가스시설안전점검은 오랫동안 고객과 신뢰를 쌓아온 직업이에요. 어느 댁이나 "가스점검 왔습니다." 하면 안전을 체크하는 업무니까 고객 반응이 호의적인 편이에요. 그럼에도 사적인 공간에 여자 혼자 방문하는 거잖아요. 일전에 울산 경동 도시가스 검침원이 성추행을 당해 자살 시도를 했다가 발견된 사건이 있었어요. 이후 2인 1조 근무를 탄력적으로 하게 되었지만, 그것도 완전하지 않아요. 점검하다가 여기는 같이 가야 한다고 다른 점검원을 부르는 형태거든요. 임시방편이죠.

아무래도 요즘은 1인 가구도 많고…….

한 번은 그런 적도 있어요. 문이 열려 있어서 너무 반가운 거예요. 한 건 올리는 거잖아요. "고객님." 하면서 불렀는데, 안 나오시는 거예요. TV도 틀어져 있는데. 그런데 갑자기 저벅저벅 남자분이 나오시는 거예요. 알몸으로요.

분명 방에서 옷을 입을 수 있었는데, 일부러 그렇게…….

그 순간 얼음이 되어요. 정말 큰일 날 뻔했는데, 다행히……. 그런 비슷한 일이 번번이 발생해요. 동료들 얘기 들어보면, 시간 맞춰서 오라 해서 가니까 남자가 벗고 있거나, 문을 조금만 열어줘서 지나갈 때 몸이 부딪치게 하거나, 점검하고 있으면 괜찮냐고 뒤편에서 성추행을 하고……. 이게 보일러실을 가야 하는 거잖아요.

보일러실이 또 구석에 분리되어 있고 하니…….

물론 그런 집이 많지는 않아요. 그런데 그런 것을 한 번씩 경험하게 되면, 그 주변을 가면 심장이 두근거리고……. 또 어떤 경우에는, 오라 해서 갔는데, 칼을 들고 위협을 한 거예요. 알고보니 우울증 환자였는데, 겨우 도망쳐 경찰을 불러 수습되기도 하고……. 또 지갑 같은 거, 없어졌다, 의심을 받아서 경찰에게 조사를 받기도 하고……. 알고 보니 소파 아래에 있었는데…….

안타까운 일이 많네요.

업무량도 너무 많고 항상 바쁘고……. 계단을 오르내리면서 다음 집을 확인하다 보니 여유가 없어요. 몸, 시간, 마음이 너무 바빠요.

그렇네요.

한 달에 저희가 100집 방문한다고 했잖아요. 하루에 2~3만 보는 기본으로 걸어 다녀요. 족저근막염이나 염좌나, 그리고 무거운 고지서를 종일 들고 돌리고 오는 거잖아요. 어깨, 허리도 직업병일 텐데, 산재로 인정을 해 주지 않고 있어요. 물론 반대로, 검침이나 점검하다 보면 좋은 어르신들도 많이 만나요. 떡 한 조각이라도 먹고 가라거나, 시원한 마실 거리도 챙겨주시기도 하는데, 어르신들은 본인 집에 사람이 오는 것이 그리운 거예요.

바쁘신데, 그런 배려도 반대로 좀 스트레스일 수도 있겠네요.

예. 고맙지만, 일이 많으니 마음이 바빠서 좀 곤란할 때도 있어요(웃음). 아무튼, 이런 어려움 가운데 실질적인 어떤 변화가 있었으면 했어요. 인식의 어떤 변화가 있었으면 하기도 했는데, 여성 검침원들도 누군가의 엄마고 딸이고 와이프고, 귀한 사람인데 어떻게 그럴 수가 있어요. 또 어떤 페널티라도 최소한 있어야 하는 것 아닌가 싶기도 했어요. 욕을 함부로 하거나, 옷을 벗고 나오거나, 그런 집에는 벌금을 물거나, 다음부터는 이런 일이 반복되지 않을 수 있는 조치가 충분히 취해져야 하는데, 여자이기 때문에 반복되는 이런 일을 겪는다는 것은 참 속상한 것 같아요.

노동조합 분회장 김윤숙

그런 어려움들 끝에 노동조합의 문을 두드린 것이 아닌가 싶은데, 그 계기와 관련해 좀 더 말씀을 부탁드릴게요.

저희가 노동조합을 하려고 했던 것은 임금 탓이 가장 커요. 제가 2005년에 도시가스 지사로 들어갔어요. 그때는 회사가 민영화가 되지 않았고, 120~130만 원 정도 받았는데, 2007년에 민영화되고 지금 근무하는 고객센터로 가면서, 98만 원에 팔려갔다고 생각해요.

120도 적었는데, 또 깎아서요?

그러고 나서 1년 10만 원씩 올랐어요. 내년에는 더 줄게, 그러면서요. 그런데 수도와 비교가 결정적이었어요. 수도는 저희와 조금 달라요. 거기는 점검은 안 하고 검침만 하는데, 어느덧 급여가 저희보다 많아지기 시작한 거예요. 저희 120~130 받을 때, 150씩 받더라고요. 우리 150만 받아도 소원이 없겠다, 그러던 차에 그런데 수도 쪽에서 노조를 만들었다고 하더라고요. 그럼 우리도 노조를 만들면 급여가 올라갈 수 있을까, 싶어 준비를 하고 있었는데, 2016년에 결정적인 일이 있었어요.

무슨 사건이었나요?

고객센터 5센터가, 아파트를 지으면, 거기에 입주민

들에게, '우리 가스 연결하세요.' 하는, 그런 업무 관련해 점검원들을 투입해 거기 입주 민원을 보게 했어요. 점검을 안 시키고 하루 5만원 정도씩 주면서요. 그래서 성과급이 있었는데, 사무실 업무를 본 점검원들에게 더 많이 준 거예요. 업무에 투입된 사람이 30만 원 받고, 사무직에 투입된 점검원은 50만 원 받은 거죠. 저는 4센터 직원인데, 5센터 직원분들이 "우리 이거 안 받아!" 하며 발끈하고, 노조에 가입하게 되었죠.[3]

그런 일이 있었군요.

그리고 1년 후에 저희 4센터 직원들도 노조에 가입하게 되었는데, 그 계기가 뭐냐면, 박원순 시장이 2017년 4월 29일에 점검원 간담회를 서대문구청 강당에서 한다는 거예요. 그런데 우리 센터 사장이 그러더라고요. 도시가스 검침원 급여가 제일 낮으니까, 한번 가세요, 라고. 혼자 가지 말고, 혼자 가면 다치니까

---

3) 서울시 도시가스는 89개 지역센터로 나뉘어 서비스한다. 예를 들어 은평구는 강북4센터와 강북5센터가 관할하고 김윤숙 분회장은 강북4센터 소속이다. 도시가스는 민영화되어 서울도시가스, 예스코, 귀뚜라미에너지, 코원에너지서비스라는 사기업들이 운영한다. 주로 맡고 있는 지역이 다르다. ㈜서울도시가스는 강서구, 관악구 등 한강 남북 모두에 서비스하는 서울 관내 제1기업이고 대성그룹에서 분리된 SCG 그룹의 계열사다.

다 같이 가라더라고요. 저희 센터에 당시 본사에서 온 상무가 있었는데, 박원순 시장이 미쳤다고 토요일에 너희들 만나러 오겠느냐, 내가 손에 장을 지진다, 그리고 너희가 가는 순간 다 잘라버릴 거다, 그랬는데 저희는 거기 가서 노조에 가입하게 되었어요.

보기 드문 센터장이었네요. 그럼 임금은 그전까지 어떤 형태로 지급된 거예요?

당시 센터 사장은 노조 가입 일로 잘리고, 지금은 다른 일을 하시는데, 좋은 분이셨어요. 임금은 월급이죠, 기본적으로. 예전에는 그런데 건당 지급하기도 했어요. 사실상 최저임금인데, 지금은 총괄임금제라고 해서, '이 정도는 최소한 주어야 한다', 박원순 시장 만나고 '생활임금 수준으로는 받아야 한다'라고 주장할 수 있었어요. 그리고 박 시장이랑 같이 돌아다녔어요. 담장 올라가서 계량기 보고, 후미진 곳에 가서 미끄러지고 다치고, 우리가 그랬던 것을 보게 된 거예요. 이후로 임금이 생활임금 수준으로 좀 맞춰지게 되었어요.

기준 이상 많이 줄 생각은 없고, 최소한의 하한을 맞춰서 준 거네요. 분회장님 분회 소개를 간단히 들을 수 있을까요?

저희 분회는 서울도시가스 분회이고, 서울시 5개 회사(*서울시 4개 회사에 수도권 지역을 담당하고 있는 삼천리까지 더해서 5개) 중 2개 회사만 (서울도시가스, 예스코) 분회로 공공운수노조 서울지부에 가입되어 있어요. 서울시 내 검침원이 1000명 정도 되는데, 100명 정도 노조 가입되어 있어요.

노동조합을 하시면서 얻은 성과, 그리고 거듭 주장하시는 부분을 더 들을 수 있을까요.

성과로는 '우리는 40시간 일하겠다.'고 주장하고 평일 업무를 하고 있어요. 그래서 토요일에 민원 전화 오면 '제 근무시간은 금요일 오후 7시까지입니다.' 그렇게 말하고 있어요. 그런데 그게 쉽지 않아요. 회사의 압박도 심하고……. 그래도 그렇게 하자고 말하고 있어요. 또 노조 하면서 참 감사한 게, 사장 눈을 그전에는 똑바로 쳐다볼 수 없었거든요. 그런데 이제는 교섭권이 있잖아요. 노동 3권이 있잖아요. 단결권, 단체교섭권, 단체행동권. 그걸 직원들이 할 수 있다는 걸 노조 하면서 처음 알았어요(웃음). 너무 무지했어요. 상식도 없었고. 노동조합을 통해 사장과 교섭할 수 있었다는 것이 큰 성과였다고 생각해요. 처우 개선을 위해 말할 수 있다는 거. 그리고 그전에는 산업재해 신청을 잘 못 했어요. 지금도 그런데 비노조원들은 산재로 안 하고, 공상 처리를 많이 하는 편이에요.

앞으로 실현되어야 할 요구사항도 좀 더 자세히 부탁드릴게요.

서울시가 관리해서, 체계적이고 제대로 된 안전점검을 하고 싶어요. 그리고 정년을 요구하고 있어요. 현재 60세인데, 저희가 경력 단절된 후에, 입사를 하게 되는 경우가 대부분이에요. 그럼 4~50대예요. 가스, 수도 검침원 모두 고령화 우선 정년 연장 직업군에 속하는데, 현재 65세까지 정년 연장을 요구하고 있어요. 그리고 실적제 폐지를 요구하고 있어요. 지금은 95% 이상을 회사에서 점검하라고 강요하고 압박하고 있는데, 기를 쓰고 해도 2200~2300전 정도밖에 할 수 없어요. 나머지는 부재로 처리하는데, 문제가 있어요.

어떻게든 사람을 좀 더 뽑아야 하네요. 2인 1조도 현실화하려면…….

맞아요. 어느 기관이건 1인 방문은 없어요. 모두 2인 1조이지. 다 그러는데 우리에게만 혼자 감당하라고 하는 건 옳지 않아요. 전수는 분명 하향해야 합니다.

코로나로 쉴 때 급여는 어떻게 하셨어요?

급여는 그대로였어요. 왜냐하면 점검 관련해 문자 보내는 작업을 계속하고, 검침, 송달은 거의 그대로 하고 있었어요.

그건 또 의외네요. 핑계 대고 깎거나 그랬을 것 같은데.

노조가 없었으면 그랬을 텐데, 특히 내년에 서울시에서 공급 비용을 책정해요. 지금은 우리가 서울시에 거듭 방문하고, 항의하면서, 조율도 하고 있는 편이에요. 그리고 근속 수당도 원하고 있고, 간주근로제에서 출퇴근제로 변경을 주장하고 있어요.

앞으로 코로나19 같은 사태가 또 닥치게 되면 어떻게 해야 할까요?

지금 본사나 저희 일하는 사람들이나 모두 처음 겪

는 일이라 어려움이 있는 것 같아요. 무엇보다 업무가 산업자원부 규정, 서울시가 원하는 근거자료 때문에 좌지우지되는데, 현재는 부재 3회 근거를 꼭 남겨야 해요. 가서 안 계시면, 메모나 문자를 남기고, 그럼 그분이 오라고 할 텐데, 그렇게 되면 한 달 안에 1만 전 이상의 집을 방문해야 하는데, 불가능하거든요. 하반기에도 안심할 수가 없는데, 이 규정을 좀 수정해야 하는데…… 일선에서 현장 업무를 하는데 우왕좌왕이에요. 일을 하러 가라고 지시받았다가, 가지 말라고 지시받았다가…….

원칙이 있어야 한다는 거네요.

서울시와 얘기하면서 고지서 발송 업무를 6월부터 우체국에서 격월제로 하겠다, 그런 얘기도 나오고, 2023년부터는 아예 우체국 송달 전 과정 업무를 해 보겠다, 그런 것이 계획으로는 있어요.

그런데 우체국도 집배원분들이 몇 달에 한 분은 자살하고, 과로사하고 택배는 외주화해서 비정규직 쓰고. 아무 대책 없이 사람으로 돌려막기하는 것, 정말 노동자만 쥐어짜는 것 같아요.

우리가 이렇게 요청해도 서울시도 대부분 예산이 없다고 그렇게 얘기해요. 그런데 도시가스 본사에서 1년에 몇십억, 몇백억 수익금을 조금만 나누어도, 2인 1조도 가능하고 할 텐데……. 현장에서 근무하는 사람들이 여러 가지 불안이나 부담, 위험을 조금이라도 덜 수만 있어도 좋겠는데, 현재 거의 전혀 개선되고 있지 않아요.

정말 서비스 노동자가 거부할 수 있는 권리가 있어야 해요.

작업중지권이 있어요. 하지만 그게 현장에서 어려워요. 다시 봐야 하는 분이고, 또 그분들이 계량기 정보 안 보내주면 검침을 할 수가 없고.

회사가 내 편이 아니고, 그리고 시민들도 노동권에 대한 인식이 얼마나 낮은지……. 그래서 서로가 서로에게 진상 고객이 되는 것 같아요.

그래, 우리 아줌마다, 조금만 더 먹으면 60 되고 70 되고. 그러나 우리 아이들은 달라야 하잖아요. 세월이 지나면 분명 우리처럼, "너 이 직장 싫어? 우리 이력서 많아. 다른 직장 가." 그런 갑질을 우리 다음 세대도 밟아갈 텐데, 반 계단만이라도, 인식 전환만이라도 개선을 시켜 놓으면, 모든 직업이, 누구나가 존중받는 그런 사회가 될 것 같아요. 우리 모두 귀하잖아요. 게다가 서로가 언제든 고객이 될 텐데. 그런데 그게 너무 힘드네(웃음).

그러게요(웃음).

노조도 힘든 것이, 바뀌지 않는다는 거. 그리고 조합원 비조합원 간에 그런 갈등을 회사에서 만드는 것도. 그것 때문에 예전에 친했던 사람들끼리 앙숙이 되기도 하고. 그러다 보니 또 우리 조합원들은 "우리만 임금 인상 되면 안 돼?" 하기도 하고.

맞아요. 투쟁은 우리가 했는데, 라는 갈등이 있죠. 가족들은 노조하는 거 어떻게 생각해요?

불안해해요(웃음). 예전에는 노조 하면 투쟁이나 하러 다니고, 갑자기 없어지고, 다치고, 그렇게 어른들이 말씀하셨잖아요. 그리고 너무 엄마가 힘들어하고 그러니까, "엄마, 살살해." 그러고 남편도 "노조하고 네가 좀 세진 것 같아."라고 하더라고요.

좋은 현상이죠(웃음).

"고민 많이 하면서 늙지 않았으면 좋겠어. 인상 써서" 그런 얘기를 하는 편이에요.

적극적 반대는 안 하시네요. 노조 간부까지 하시는 건데.

애들은 "엄마 조심해서만 잘해, 응원해!" 그러고, 남편도 그래요. "잘해~ 너무 싸우지 말고 사장이랑. 네가 원하는 거 하는 게 맞지만."이라고 해줘요.

남성 조합원보다 여성 조합원분들이 가족의 협조가 참 중요한데, 다행이에요.

제가 술을 못 마시니까. 조합원 중에서도, 다른 조합 경험 얘기하면서 너무 술 마시고 으쌰으쌰 해서 별로였다고 하는데, 제가 술을 못 마셔서 좋다고는 말해주세요. 그런데 제가 너무 바쁘니까, 업무도 해야 하고, 투쟁이랑 연대도 하고 해야 하는데, 그래서 그걸 보고 그 자리는 도저히 못 하겠다고 조합원분들이(웃음)…….

조합원이 확대가 되어야 할 텐데요.

그게 제일 과제예요. 회사에서 노조원, 비노조원 이간질을 시켜서, 노조 들면 회사를 망쳐 놓는 것처럼 얘기를 해서 생각 차가 심하게 나요. 노조 들면 큰일 나고, 회사의 적이 되었다고 생각하게끔 해요. 노조로 인해서 근로조건, 환경, 급여가 개선되는데 회사에서 호도해요. 또 직원들에게 함께 하자 하면 '수고하는 건 알겠는데, 나는 좀…….' 이런 식이에요. 그리고 또 센터 사장 같은 관리자들과 관계 단절을 두려워하고 겁내고, 혹시라도 안 좋은 영향을 받을까, 그런 게 제일 우려스러운가 봐요.

막상 해 보면 큰일 안 나는데, 안 해 보신 분들은 그렇겠죠.

'지금은 2000전도 못 했는데, 안 잘리잖아. 언제까지 하라는 대로 밤낮없이 일하겠느냐, 그게 맞는 거다. 법을 어기는 것도 아니고, 정당한 건데, 절대 위법적인 거 하지 않는데.' 이렇게 말하죠. 아직은 회사의 압력과 회유를 이기기가 쉽지 않네요.

급여가 한참은 더 올라야 할 것 같은데, 노동시간을 대폭 줄여주던가……. 마지막으로 독자들에게 한마디를 해주실 수 있으실까요?

노조는 꼭. 우리나라는 노조 가입률도 10%도 안 되는 것이, 노조에 대한 인식도 너무 별로고. 노조가 없으니까 우리 권리에 대해서 너무 몰라요. 아이 때부터 교육이 필요한데. 일하는 사람이 돈 받으면 일 외에 모든 것을 다 줘야 하는 줄로 착각하게 되잖아요. 그러니까 노동조합은 꼭!

그러게요. 노동조합은 꼭!

우리나라는 노조가입률이 10%가 되지 않는다.

7월

콜센터 노동자
이미경

조합을 하면 이렇게 바뀔 수 있어요.
하지만 혼자는 못하죠.
노동조합은 쪽수라고 하잖아요.
사람이 많아야 힘이 세져요.

인터뷰어: 사비

변화는 가능하다

지난 3월 서울 구로와 대구에 있는 콜센터에서 170명 가량의 노동자가 코로나19 확진 판정을 받았다. 콜센터는 밀집된 근무환경과 온종일 말을 하는 업무 특성상 집단 감염에 취약하다. 노동 조건과 환경의 변화가 필요함에도 대부분의 콜센터는 외주화되어 있기에 원청은 이에 대한 책임을 회피한다. 바이러스는 평등하지 않다. 코로나19는 우리 사회의 취약한 노동환경을 집단 감염의 형태로 가시화시켰다. 콜센터의 코로나19 집단 감염 발생 이후 3개월이 지났고, 여전히 코로나의 시대에 살고 있기에 노동 환경 변화에 대한 궁금증으로 딜라이브 텔레웍스에서 일하는 이미경 님을 만났다. (*딜라이브는 방송, 인터넷, OTT 등을 제공하는 업체이고 딜라이브텔레웍스는 이에 대한 영업, 신규, 해지, 요금 및 AS상담을 맡는 자회사이다.)

고용안정성이 중요하다

간단한 자기소개 부탁드려요.

콜센터 노동자고요, 딜라이브 텔레웍스 정규직 근무하고 있고 조합 활동도 하는 이미경입니다. 워킹맘이기도 하고요. 아이가 둘 있어요. 미성년자는 아니고요. 요즘의 관심사는 타로예요. 심리적인 걸 들여다볼 수 있는 매력이 있고, 희망도 주고 그러더라고요.

콜센터 입사 계기는요?

이전에는 작은 건설회사에서 회계 쪽 일을 했어요. 관두고 이력서를 몇 군데 넣었었죠. 여기가 1년만 일하면 정규직이었어요. 다른 데도 물론 정규직이기는 하지만 중소기업은 정규직이라 해도 언제 어떻게 될지 모르는 불안감도 있었고요. 콜센터 일을 한 번도 해 보지는 않았었는데 전화만 받으면 된다고 하니 편한 마음으로 왔던 거죠. 작은 회사 다니면 불안감이 있잖아요. 갑자기 회사가 나빠진다거나 월급이 밀릴지도 모른다는 게 있는데. 그때가 30대 중반이었고 아이들이 어려서 생계형으로 저도 일을 한 거여서. 여기는 와 보니 월급 꼬박꼬박 잘 나오고, 내가 일한 만큼 받아가는 것도 있고요. 기본급에 인센티브가 있으니까요. 인센티브는 운영안에 따라서 다르기는 해요. 열심히 하면 월급만큼 인센티브 받으시는 분들도 있어요. 회사에서 원하는 영업을 많이 하는 거죠. 예를 들어 해지방어 팀은 해지방어를 많이 한다던가. 쉬운 일은 없는 거죠.

하루 일과가 궁금해요.

9시에 콜대기 시작하면 6시에 끝나요. 9시 콜대기이긴 하지만 9시까지 회사를 오면 상관없어요. 조회 같은 걸 안 하니까 50분 정도에 오죠. 코로나 때문에 집에 계신 분들이 많아서 요즘 전화량이 많은 편이에요. 퇴근 후에는 술 많이 마시죠(웃음). 모임이나 그런 거 많이 하고요.

"내년이면 10년차예요."

업무 내용은 어떤 건가요?

요즘 다른 콜센터는 AS가 나눠져 있는 게 일반적인

데, 저희는 설치부터 해지까지 원스톱으로 처리하는 시스템이에요. 지금 해지는 해지부서로 따로 넘어갔지만요. 한 사람이 처음부터 끝까지 다 볼 수 있어야 해요. 어쨌든 민원으로 넘어가면 해지까지 봐야 하거든요.

각자 컴퓨터 모니터에 내가 받은 콜 수, 대기 인원, 대기 상담원이 다 떠요. 상담이 지연되는 건 거의 없지만, 설치랑 영업도 같이 하니까, 이때는 좀 길어지죠.

영업에 대한 부담감은 있어요. 어디나 실적은 나올 수밖에 없으니까요. 9개 팀이 있으면 1등부터 9등까지 줄을 세워요. 압박이 없진 않아요. 그래도 신규가입자에 대한 실적은 팀장들끼리 하는 거여서 압박은 팀장들이 더 받을 거예요. 팀장은 예쁘게 포장해서 팀원들을 압박하죠. 그렇지 않은 곳은 어디에도 없을 거예요. 어떻게 어떤 방법으로 전달하느냐가 문제죠.

9년차의 일하는 모습. 포스가 느껴진다.

팀 구성은 어떻게 되어 있나요?

한 팀은 6~10명 정도예요. 14개 팀이에요. 해지부
서, 일반부서, 렌탈부서 이렇게요. 상담사들이 2·3층
을 쓰고 4층은 다른 곳, 5층은 스텝이나 요금, 문서, 기
술 직종이 있거든요. 콜을 받지 않는 부서들이 거기에
있어요.

딜라이브 노동자들이 정규직 전환됐다는 얘기를 들었어요.

콜센터의 경우에는 제가 입사했을 때만 해도 1년만 근무를 하면 자동으로 정규직 전환이 됐었어요. 제가 9년차 정도 됐거든요. 그런데 제가 입사한 후 2~3년 후부터는 계약직에서 등급을 매겼어요. 예를 들어 A, B, C, D로 나누면 B등급 이상은 되어야 하는 거죠. 무조건 1년은 계약직으로 들어와서 등급이 되면 정규직 전환이고, 아니면 계약종료예요.

등급은 콜 수, 상담 품질이라고 해서 고객하고 나하고 통화한 걸 점수를 낸 콜 평가 점수와 영업실적이 더해지는 거죠. 콜 평가는 담당하는 사람이 따로 있어요. 실시간 평가는 아니고 한 달 치 평가예요. 이번 달 신규나 AS콜 중 하나를 정해서 하는 거죠.

콜 평가도 매뉴얼이 있어요. 그분들도 매뉴얼대로 체크해서 하는 거예요. 평가가 나왔을 때 저도 다시 그걸 들어보고 이건 아니다 싶으면 소명할 수 있어요. 다시 평가해 달라고. 콜 평가는 안 하면 가장 좋긴 한데 아직까지는 하고 있어요. 어쨌든 콜센터는 콜로 모든 걸 하기 때문에. 예전에는 친절도 평가가 있었어요. 내가 얼마나 친절하냐를 평가하는 거예요. 저는 매일 친절도 음성에서 5점씩 깎였어요. 목소리가 예뻐야 5점이 나와요. 근데 전 아무리 '솔'톤으로 얘기해도 사무적인 사람은 사무적일 수밖에 없어요. 남이 듣기에. 근데 고객이 느끼는 친절도와 평가자가 느끼는 친절도가 다르잖아요. 그래서 친절도 평가는 없어졌죠.

200명 중 민주노총 조합원이 90명, 한국노총이 50~60명

1년 후 자동으로 정규직 전환은 조합 조직 이전에도 있었나요?

그때는 조합 자체가 없었죠. 조합이 2010년에 생겼나[4], 조합 초기 멤버가 아니라 조합이 몇 년도에 생겼는지 모르겠네(웃음). 아! 2014년도에 노조가 생겼네요. 그때는 씨앤엠이었죠. 씨앤엠이 딜라이브로 바뀌었고, 저희는 자회사죠. 별도 법인이에요.

---

[4] 씨앤엠지부는 2010년 1월 25일, 텔레웍스는 2013년 8월 5일에 노조가 설립되었다.

2014년 파업은 어떤 거였나요?

2014년에 딜라이브 비정규직 109명 해고조치를 해서 해고 철회 파업을 했어요. 파업에 조합원은 다 동참했죠. 조합원이 나간 그때 저는 안에서 콜 받았어요. 제가 조합을 싫어했다는 건 정말 싫어하는 게 아니에요. 파업으로 힘든 거 아는데 안에서는 업무가 어마어마했죠. 근데 회사가 있어야 조합도 있고 나도 있고.

그분들 다 복직했어요. 그때부터 설치 기사들을 비정규직에서 정규직화 시킨 거죠. 거의 다 들어왔어요. 다 들어오고 조합이 없는 협력업체만 그냥 비정규직이에요, 노조가 없는 곳은. 조직사업이 안 되니까 못했던 거죠.

노조 가입은 어떻게 하신 거예요?

2014년에 다 파업했을 때, 노조 가입을 했을 것 같지만 아니었어요. 다들 제가 조합원인 줄 알았지만 아니었고(웃음), 권유는 많이 들어왔었죠. 조합이 부당처우에 대한 돌파구가 되는 게 많은데 저는 팀장이 건드리지 않았어요. 불편한 게 하나도 없었어요. 조합 가입하면 어디 쫓아다녀야 하고, 희망연대는 또 일이 어마어마하잖아요. 굳이 내가 안 해도 바쁜데, 이러다가 어찌어찌하다 들어왔죠. 인맥으로 들어왔어요. 꼬드김에.

저희는 복수노조라 한국노총도 있거든요. 근데 한국노총은 아닌 것 같아 민주노총으로 들어왔죠. 민주노총만 따지면 조직률이 50%가 안 넘어요. 인원은 많지만 조직률이 낮은 조직이에요.

노조 가입 전후로 변화된 부분은요?

사실 저희는 언니들이 워낙 잘 다져놓으셔서 크게 변화된 점은 없었어요. 어디든 지금도 미조직 사업장 콜센터 얘기 들어보면 예전에 우리가 화장실에 손들고 다니던 진짜 옛날과 다르지 않아요. 호출 쪼고, 휴식 쪼고, 점심시간 앞뒤로 잘라먹고 그러잖아요. 저희도 그랬어요. 저 입사 했을 때 콜 많으면 점심시간 앞으로 10분 당기고, 뒤로 10분 잘라먹고 점심시간이 엉망진창으로 운영되었죠. 조합 생기고 나서는 '어차피 콜 10분씩 더 받는다고 달라지지 않으니 점심시간 보장해라.' 해서 바뀌고, 화장실 갈 때 팀장 눈치 보고 번호 정해서 가고 그랬던 게 지금은 없어요. 워낙 많은 사람들이 한꺼번에 이석을 하면 서로 힘드니까 배려하는 건 있지만요.

그저께 뉴스 보니 지방 콜센터인데 직영화하라고 요구하니 위탁으로 넘겼다 하더라고요. 직영화하면 노조 만들 거고, 노조 만들면 운영하기 힘들 테니까. 연차관리 같은 게 하나도 안 된다고. 조합이 있으면 단체협약으로 들어가니까요. 위탁업체면 계약직이니까 언제든 자를 수 있고 신경 안 써도 되는 거죠. 그래서 콜센터는 위탁이 많아요. 아웃소싱이고. 지금도 콜센터 정규직이 다산 서울센터, 경기 센터랑 우리 정도로 알고 있어요.

코로나19 집단 감염이 일어났던 구로 콜센터도 아웃소싱이었죠?

거기는 세 팀이 한 사무실을 쓴다고 하더라고요. 돌아가면서. 원래 콜센터가 자리가 다닥다닥 붙어있고 내 자리라는 게 있지만, 사실 내 자리에서만 일할 수 있는 게 아니라 내 컴퓨터가 망가지면 다른 자리에서 일해도 돼요. 그냥 헤드셋하고 키보드만 있으면 해요. 다른 사람들이 와서 공유해도 별 상관없는 시스템이거든요. 사원번호가 들어가기만 하면 되니까. 저희도 옛날에는 유쎄스라고 해서 주말에 콜을 받거나 밤에 콜 받는 분들이 계셨어요. 그분들이 저희랑 일을 하다가 지금은 성수동으로 이사를 가서 요즘은 우리는 우리 것만 써요. 조금 더 안전하다고 볼 수 있어요. 그런데 구로는 이렇게 사용하지 않았다 하더라고요.

코로나19가 가져온 마스크 산보

코로나19 이후에 노동환경의 변화는 어떤가요?

딜라이브에는 산업안전보전위원회가 따로 있어요. 그래서 이런 사태가 벌어지면 발 빠르게 움직이는 게 있어요. 무슨 일이 일어나면 큰일이니까. 워낙 조합이 세죠.

점심 식사는 11시 30분부터 1시까지 탄력적으로. 1시간씩이에요. 점심시간은 매일 바뀌어요. 다 같이 앉을 수 없으니까 시간을 조정했죠. 점심은 구내식당에서 한 자리씩 떨어져 앉아 먹는데 가림막도 있어요. 열화상 카메라는 입구에 설치되어 있어요. 시설관리하시는 총무님이 보시고, 사무실 책상에도 투명 가림막이 세워져 있고요.

저희가 통상적으로 8시간 정도 일을 하잖아요. 그럼 콜 받는 거 4시간, 후처리(*콜 정리하는 시간) 2시간, 휴식이 50분이에요. 원래는 30분이었는데 조합 생기면서 50분으로 늘었어요. 저희는 또 마스크 산보라 해서 15분씩 시간을 따로 줘요. 하루 종일 마스크를 쓰고 있으니까, 마스크 끼지 않는 곳으로 산보를 가도 돼요. 마스크 산보는 2시 이후에 순번대로 정해서 가요. 이건 뭉쳐서 가면 취지에 어긋나니까요. 휴식은 50분 안에서 자유롭게 써요.

코로나가 바꾼 일상 풍경

코로나19 이후 전화량이 늘었다고 하셨는데 하루에 몇 콜 받으세요?

받는 콜은 비슷해요. 사람에 따라 다 다르지만 저는 70~80개 정도 받아요. 콜센터가 콜이 늘어도, 연결이 안 돼서 민원이 많아지는 거지 사람이 받을 수 있는 건 한계가 있어요. 아무리 100명이 기다려도 내가 처리할 수 있는 사람은 한계가 있어요. 우리가 매일 하는 얘기가 '아무리 그래 봐야 우리가 받는 콜은 정해져 있으니까 스트레스받지 말고 우리 일하면 된다.'고 해요.

"제발 해지하시든가, 협박하지 마시든가."

상담하면서 힘든 부분은 어떤 건가요?

우기는 고객들은 이길 수가 없어요. 뭐만 하면 '해지할 거야.'라고 해지 협박하는 고객들이 있어요. 제발 해지하시든가, 협박하지 마시든가…… 휴.

해지 업무는 해지 부서에서 담당하고 있어요. 사람들이 대부분 생각하는 게 물건을 판매하는 걸 영업이

95

라고 생각하는데 해지 방어도 영업이에요. 해지 방어를 해야 매출을 끌어올 수 있기 때문이죠.

저도 해지 업무를 해 봤었는데 지금은 안 하는 이유는 거절당하는 거에 대한 상실감, 스트레스가 곰돌이가 어깨에 100마리 올라가 있는 것보다 더 커요. 거절당하는 거에 대한 스트레스가 익숙하면 괜찮은데 이게 가중되면 전 못 이기겠더라고요.

예전에 LG 유플러스 콜센터 여고생(*2017년 1월 LG유플러스 하청업체 LB휴넷 콜센터에서 현장실습을 하던 고등학생이 자살했다.)도 해지 방어팀이었던 걸로 알고 있어요.

도중에 관두고 싶었던 때도 있었나요?

하다 보면 사람이 힘든 게 있었죠. 이직을 해도 다들 콜센터로 가더라고요. 경력직으로 가면 콜센터밖에 없으니까. 나이도 있고 하니까요. 그럴 바에야 아는 데가 낫지 않겠냐 싶었어요. 인격적으로 무시당하면 그만두고 싶죠. 지금은 끊을 권리가 있지만, 예전에는 아니었으니까요. 지금도 아무리 내가 끊을 권리가 있어도 그런 얘기를 들으면 기분이 좋진 않죠. 하지만 내가 끊으면 다음 상담사가 힘들어질 수 있어요. 그 사람이 또 전화를 하거든요. 그때는 고객만족팀으로 콜을 돌리는데 이걸 콜을 뺀다고 하거든요. 근데 이 사람이 다른 번호로 전화를 하는 경우도 있어요. 그럼 우리가 막을 방법이 없어요. 우리도 대응을 하지만 고객들은 점점 진화하더라고요.

제가 처음 입사해서 교육받을 때 '고객들은 당신한테 욕을 하는 게 아니다. 회사한테 욕을 하는 건데, 다만 회사 대표로 전화를 받고 있기 때문에 욕을 하는 거다.'라는 말을 들었는데 전 그 말이 이해가 안 됐거든요. 당장 기분 나빠 죽겠는데. 근데 나중에 보니 저도 저보다 나중에 입사한 후배들한테 그 얘기를 하고 있더라고요. 단련된다고 해야 하나? 숙련공처럼. 사람한테 상처받는 것들이 단련되더라고요. 이런 사람도 있어요. '우리 자식은 공부 잘해서 이런 거 안 해.' 이러는. 그런 시선으로 직업을 차별화하고 자기네들 스스로 계급을 만드는 건 아니라고 봐요.

근속 평균은 7~8년

내년이면 10년차라고 하셨는데 오래 일하시는 분이 많은가요?

저희 콜센터는 근속이 평균 7~8년 정도예요. 다른 콜센터와는 굉장히 다르죠. 저희는 짧게 일하면 3년 정도. 저도 내년에 10년차니까 다들 길어요. 다른 곳은 사이클이 굉장히 짧잖아요. 근데 여기는 1~2년만 잘 버티면 오래 일하는 편이에요. 딜라이브 전체 조직이 근속 연수가 길어요. 기사들도 10년 넘는 분들도 많아요. 회사에 대한 프라이드가 세다고 볼 수 있죠. 20대는 많지 않고, 30~50대, 60세까지 있어요. 작년 12월 31일 자로 두 분이 정년퇴직하셨어요. 올해도 대상자가 있을 거예요.

코로나 기간 동안 경비노동자 한 분이 그만두셨어요. 갑자기 편찮으셨어요. 조합에서 모금 활동을 했어요. 그때 비조합원도 너도나도 발 벗고 나섰죠. '우리 너무 멋있다'고 말하곤 했어요. 경비노동자분은 저희 소속은 아니었고 위탁이었지만 3년 정도 일하셨거든요. 굉장히 많이 챙겨주셨어요.

근속 연수가 긴 이유가 뭘까요?

환경이 다른 곳보다 나은 거겠죠. 단체협약으로 근속수당을 계속 요구했었는데 저희가 워낙 근속이 길다 보니 저희만 줄 수 없으니, 우리가 받을 수 있는 건 뭘까 하다가 텔레윅스 콜센터만 10년차는 3일 더, 15년차는 4일 더, 20년차는 5일 더 감정휴가가 있어요. 외국 사례를 보니까 감정노동을 하는 사람들에게는 감정휴가가 있더라고요. 우리나라는 거의 없지만요.

어쨌든 한 콜센터에서 이만큼 성과를 따면 이게 다른 콜센터 단협 사항이 될 수 있기 때문에 중요하죠.

"사람이 많아야 힘이 세져요."

조합 활동하면서 변화된 부분이 있나요?

조합하면서는 눈이 떠지는 게 있었죠. 뭐든 활동 많이 하다 보면 그렇잖아요. 큰 애가 직장 다닐 때 수습 기간이긴 했지만 '수습이어도 근로계약서 갖고 와라, 사장이 돈을 주네 안 주네 할 때 해결 안 되면 엄마가 나서겠다.' 했죠. 그러니까 옆에 있던 제 동생이 '사장한테 가서 똑바로 말해라. 우리 엄마 디게 무섭다고, 가서 뒤집을 수 있다고.' 하더라고요(웃음). 딸이 야무지긴 하지만요.

마지막 한 마디 부탁드려요.

저도 인터뷰를 요청받았을 때 걱정했던 게 저희보다 좀 더 열악한 곳을 알려야 하는 거 아닌가 하는 생각을 했어요. 그래도 저희도 아직 개선해야 할 부분이 많지만, 저희 환경을 얘기하면 미조직 사업장 콜센터에서도 조직하면 저렇게 바뀔 수 있겠구나, 희망이 될 수 있을 것 같아서 인터뷰에 응했어요. 희망 고문이 아니라 실제로 하고 있다는 걸 보여줘야 해서 말 잘해야 하는데 싶었죠(웃음). 조합을 하면 이렇게 바뀔 수 있어요. 하지만 혼자는 못하죠. 노동조합은 쪽수라고 하잖아요. 사람이 많아야 힘이 세져요.

*

인터뷰 동안 이미경 님의 이야기엔 자부심이 묻어났다. 함께 일하는 동료들을 '언니들'이라 칭하는 모습에서 회사 분위기를 엿볼 수 있었다. 이는 회사가 '착한 자본가'여서가 아니다. 노동 조건 개선을 위해 '언니들'이 모여 잘 닦아놓고, 200명 중 노조 조합원이 150명이면 엄청 많은 거 아니냐고 놀라는 내게 민주노총만 따지면 조직률 50%가 안 된다고 손사래 치는 조합원들이 있기에 가능한 일이다.

8월

요양보호사
오귀자

요양보호사들은
오전
어르신 집에 출근했다가
다시 오후
어르신 집에 출근했다가
또 다시 집안일을 하러
출근하는 삶을 살잖아요.

인터뷰어: 김희연

늙는 게 힘든 게 아니라
늙어서 산다는 게 힘들어요

"인터뷰를 한다고 수락해 놓고는 어젯밤엔 잠도 안 왔어요. 내가 괜히 나섰나 싶고. 요양보호사를 하고 나서 성격이 바뀌었는데 제가 노력을 많이 한 거예요. 속에서는 지금도 가슴이 조이고 벌벌 떨려요."

재가 요양보호사인 오귀자 님은 하루 두 명의 노인을 맡아 오전, 오후 각 세 시간씩 한 명당 한 달 24회 방문 돌봄 노동을 하고 있다. 한 달분의 돌봄 노동을 마친 오귀자 님을 7월 말일 금요일 늦은 오후에 서울서부비정규노동센터 사무실에서 만났다. 한 시간 넘게 요양보호사의 삶 이야기를 듣던 끝에, 오귀자 님이 자신은 말솜씨도 없고 나서지도 못하는 성격인데 괜히 인터뷰에 응한 것 같다고 털어놓는 바람에, 인터뷰를 하는 사람으로서 놀라는 한편으로 웃기도 했다.

"아주 잘하시는데 왜 그런 말씀을 하세요." 하면서

내가 웃음을 터뜨리자 오귀자 님은 "어르신들이 선생님 없으면 못 살아, 라고 하시니까 성격이 바뀌고 자신감이 생겼어요."라고 알려주었다. "나이 많고 덩치 큰 저 대신에 상냥하고 나이도 젊은 보호사를 보내드릴까요, 하고 물어보면 어르신들이 절대 안 된대요. '인사가 만사야.'라고 하시면서."

어디선가 노인에게 무슨 일이 생기면

오귀자 님의 고향은 해남이라고 한다. 어린 시절에는 바닷바람을 맞으며 자랐다. 이즈음 해남에는 길마다 배롱나무꽃이 환하게 연달아 피어있을 것이다.

올해 칠순의 나이인 오귀자 님은 14년째 요양보호사로 일하고 있다. 요양보호사를 하는 동안 본인이 노인장기요양보험의 급여 대상이 될 나이를 훌쩍 넘겼다. 노인장기요양보험은 만 65세 이상과 만 65세 미만의 노인성 질병이 있는 사람을 대상으로 한다. 대상의 등급은 총 다섯 개이고 1, 2등급은 일상생활에서 전적으로 도움이 필요한 경우, 3, 4등급은 일정 부분 도움이 필요한 경우, 5등급은 일상생활에는 큰 무리가 없으나 치매가 있는 경우이다.

　"제가 돌봐온 분들은 3등급에서 5등급 사이가 많아요. 저는 요양원 요양보호사보다 재가 요양보호사가 잘 맞더라고요. 어르신과 일대일로 지내는 게 더 좋아요. 서로 잘 맞으면 한 분을 10년 이상 돌볼 때도 있고 짧으면 한 달도 못 갈 때가 있어요."

　요양보호사를 관리하는 방문요양센터는 노인과 요양보호사 사이의 일자리 중개 기관이기도 하다. 급여 대상인 노인도, 요양보호사도 어려운 부분이 있을 때는 사람을 바꿔 달라고 방문요양센터에 요청할 수가 있다고 한다. 집에서 서비스를 받던 노인들이 병원에 입원하거나 요양원에 입소하게 되어서 일자리가 중단되는 경우도 많다.

　"어르신들이 돌아가셔서 그만두게 될 때는 저까지 아프더라고요. 1등급이나 2등급을 돌보는 요양보호사들은 목욕이나 식사를 서비스할 때 몸을 들어올리고 내리는 게 큰일이어서 육체적으로 아주 힘들고요. 근골격계 질환이 많이 생겨요. 저 같은 3~5등급의 경우에는 감정이죠. 감정노동이 제일 힘들죠."

재가 요양보호사는 세탁, 청소를 하고 산책이나 목욕, 식사 서비스를 제공하기도 하는 전천후 만능 해결사다. 그럼에도 노인이나 노인 가족 중에는 요양보호사에게 자신들이 꼭 필요한 도움을 받는 게 아니라 아무 일이나 몽땅 시켜도 된다고 생각하는 사람들이 있다. 가족들이 먹고 난 음식 설거지를 해놓지 않는다거나 노인 돌봄 영역에 해당하지 않는 집안일을 시키려는 경우를 맞닥뜨리기도 한다.

"누가 치우라고 집을 이렇게 해났나, 속으로 그런 생각이 들 때가 있죠. 제가 그런 일에 시간을 쓰게 되면 당연히 어르신을 돌보는 시간이 줄어들잖아요. 자기 부모나 배우자를 위해서라도 그러지 않았으면 좋겠어요."

(*나는 사람들이 너무하다고 험담을 했지만 오귀자 님은 에둘러서 조심스레 말했다는 사실을 강조해 둔다.)

오귀자 님은 노인 돌봄 전문가로서 관련 공부를 하고 있었다. 서울시 돌봄종사자 종합지원센터 등에서 요양보호사 대상 교육이 있을 때마다 빼놓지 않고 듣는다고 한다. 치매, 노인이라는 단어가 들어간 강좌는 반드시 챙긴다.

"노인 특성, 치매 특성 같은 걸 요양보호사가 평소에 알아두어야 해요. 어르신들은 나빠지기만 하지 좋아지는 법은 거의 없거든요. 잔존 능력을 키워서 조금이라도 일상을 유지할 수 있도록 도와 드려야 하죠."

요양보호사가 치매 검사를 받아보라고 권유해도 가족들이 치매가 아니라고 부정할 때는 안타까운 마음도 든다. 남아 있는 다양한 능력을 유지하고 강화하기 위해 노인 스스로 수저를 쥐거나 물건을 옮기도록 할 때는 요양보호사가 일하기 싫어서 떠넘긴다는 오해를 받기도 한다. 도둑질을 의심받는 일도 요양보호사들에게는 다반사로 일어난다고 한다. 돈, 은수저, 금반지, 행주까지 의심 품목도 다양하다. 치매 노인이 물건을 둔 장소를 잃어버리고 요양보호사에게 덮어씌우는 일도 있고, 아예 집 안에 있지도 않던 물건을 두고 사람을 비난하는 일도 있다.

"치매 어르신이야 그게 치매 특성이니까 이해할 수 있죠. 보호자나 가족이 그러면 감정이 상해요. 그래서 요양보호사들끼리 우리는 가방을 아주 작은 걸로 가지고 다녀야 한다는 말도 해요. 뭐라도 훔쳐 갔을까 봐 요양보호사가 안 보는 새 가방을 뒤지는 사람도 있었거든요."

코로나 이후의 노인 방문

코로나19 이후에는 어려움이 더 커졌겠다. 묻지 않아도 알 수 있는 일이었다. 노인들은 감염병에 더욱 취약하다 보니 하나하나가 신경이 쓰일 터였다. 재가 돌봄은 사회보험에 기반한 공공 서비스임에도 마스크 무료 공급이 되지 않는다는 말에 의아함이 커졌다.

"청결이야 원래 어르신 집을 쓸고 닦던 것을 더 꼼꼼하게 하면 되는 거고요. 일하면서 마스크 쓰는 게 갑갑했고요. 요양보호사라고 해서 마스크는 따로 나오지 않는데 마스크를 사러 약국 앞에 줄 설 시간이 없는 것도 조금 힘들었고요."

요양보호사들은 스마트폰으로 급여 대상자의 집에 설치되어 있는 전자태그를 찍는다. 이렇게 출퇴근과 근무시간이 자동 기록되고 시간에 따라 인건비를 지급받게 된다. 때문에 이 시간에 병원과 약국의 진료, 처방 기록이 있으면 안 된다고 한다. 노인과 산책을 하거나 같이 의료 시설에 간 김에 마스크 한 장 정도 살 수 있으련만, 급여를 지급하는 국민건강보험공단에서 근무시간에 딴짓을 한 것으로 볼까 봐 무섭다고 했다.

소독제로 닦아내고 손을 자주 씻고 노인들이 마스크를 잊지 않도록 신경 쓰고 하는 자질구레한 일들보다 코로나 이후 제일 무서운 것은 '해고'였다. 가족이 아닌 사람이 집에 오는 것을 꺼리게 되면서 더 이상 오지 말라고 하는 집이 많아졌다. 요양보호사 가운데는 수입을 늘리기 위해 여러 방문요양센터에 등록해서 일을 받는 사람들도 있다. 요양보호사의 급여는 2018년 기준으로 월평균 방문요양 91만 원, 시설요양 157만 원 정도로 알려져 있다. 방문요양센터마다 다르지만, 담합을 하다시피한 실정이므로 시간제 비정규직인 재가 요양보호사들의 형편은 거의 비슷하다. 코로나 이후에는 여러 센터는커녕 한 센터에서 기본만 하기도 어려워졌다. 요양보호사들은 월급제를 원하지만 당장은 실현이 멀게만 보인다. 사회보험으로 운영되는 재가 요양보호 서비스를 사설 업체인 방문요양센터가 아니라 공공기관을 통해 관리할 필요도 있다.

늙어서의 삶을 미리 연습하다

"요양보호사들이 협회를 가입해야 해요. 요양보호사를 챙겨주고, 우리끼리 토론도 하고, 필요한 지식을 배우기도 하고, 스트레스도 푸는 이런 데가 없어요. 하지만 요양보호사들은 오전 어르신 집에 출근했다가 다시 오후 어르신 집에 출근했다가 또다시 집안일을 하러 출근하는 삶을 살잖아요. 협회 활동까지 하라면 쉽지가 않죠. 저처럼 배움의 맛, 활동의 맛을 알게 되면 좋을 텐데 오게 하기가 어려워요."

오귀자 님은 서울요양보호사협회 부협회장이기도 하다. 다른 요양보호사들도 요양보호사의 처우 개선이나 권익 향상을 위해 함께 협회 활동을 했으면 좋겠다고 한다.

"나는 이 일이 좋고 처음부터 재능이 있다고 느꼈어요. 어르신들에게 잘할 수 있고 어르신들도 나를 좋아하고요. 선생님이 나를 살렸다, 내가 남의 손에 호강한다, 그런 말씀들을 들어요. 누군가는 꼭 해야 하는 일이잖아요. 내가 나이 먹어서의 일을 미리 연습한다는 생각도 들어요."

함께 나이 들어가면서, 또 노인 돌봄 전문가로서 점점 더 노인을 이해하게 되었다는 오귀자 님은 가족이 풀어내지 못한 것을 풀어내고 가족은 참지 못하는 것을 참는 사람이 요양보호사라고 설명했다.

"저도 이제 몇 년 안으로 요양보호사 일을 마감할 단계에 왔죠. 오랫동안 했는데 후회한 적은 없고요. 요양보호사 정책이 속상하게는 했지만 일은 보람 있었어요. 잘했다고 생각해요. 나도 늙으니까요. 늙는 게 힘든 게 아니라 늙어서 산다는 게 힘들어요. 힘든 생활 속에서 연습을 해 본 내가 조금 더 노년의 생활을 낫게 보낼 수 있지 않을까, 감사하게 생각해요."

*

2022년 현재도 오귀자 님은 변함없이 방문 요양보호사 일을 열심히 하고 있다. 근황을 여쭈어보니 '인지활동 추가수당 폐지' 이야기가 나왔다. 방문 요양보호사들은 80시간의 전문교육을 이수하고 자격증을 따야 인지활동(치매 환자의 인지기능 유지 및 향상을 위한 활동)을 할 수 있다. 2021년 12월까지는 이 인지활동에 대해 1일 5,760원의 추가수당(가산금)이 지급되었으나, 2022년부터는 일은 그대로인데 수당이 없어진 것이다.

오귀자 님은 "요양보호사협회에서 국민청원도 해

보고, 보건복지부에 항의도 해 봤지만 수당 폐지를 막지 못했다"고 아쉬워하면서도, "지금도 4등급 치매 어르신 두 분을 맡아 인지활동 프로그램을 열심히 하고 있다"며 자부심을 드러냈다.

  * 개인정보를 보호하고 불필요한 오해를 피하기 위해 사례들은 약간의 각색을 하였고, 과거에 있던 일인지 현재 있는 일인지 알 수 없도록 시간을 모호하게 처리했다. 혹여 잘못된 내용이 있다면 책임은 서울서부비정규노동센터와 글쓴이에게 있다.

9월

서울서부비정규노동센터 상임활동가
김희연

노동운동단체의 활동가로서
집회가 줄어든 게 가장 큰 변화죠.
여름 집회, 겨울 농성처럼
진저리쳐지는 일이 없는데,
그마저도 그리울 만큼
집회가 사라졌습니다.

인터뷰어: 김희연

불안한 시대, 새로운 저항의 가능성?

우선 자기소개를 해 주시죠. 자문자답 인터뷰라니, 보통 뻔뻔한 분은 아니신 것 같은데…

하하. 안녕하세요. 서울서부비정규노동센터(서비) 상임활동가 김희연이라고 합니다. 2020년 2월부터 일하고 있고요. 2013년에도 상임활동가를 한 적이 있습니다. 앞뒤로 운영위원도 했었고요. 제가 뻔뻔한 걸 부정하는 건 아닌데, 코로나19의 확산으로 사회적 거리두기 2.5단계가 실시되면서 누군가를 면대면으로 만나서 인터뷰를 하는 게 부담스러워서 이렇게 때우게, 아니 귀한 시간을 마련했습니다. '감염병 시대의 노동자'라는 기획 의도에 딱 맞는 해프닝인 것 같습니다.

감염병 시대의 노동자 인터뷰 시리즈는 어떤 의도로 기획되었나요?

민주노총 서비스연맹 세종호텔노동조합이 천막농성을 하다가 코로나19 유행으로 농성을 종료하게 되었어요. 호텔이 문 닫을 판이라 더 이상의 투쟁이 어렵게 되었죠. 서비는 '연대하기 좋은 날'이라는 이름으로 호텔 앞에서 다양한 형식의 집회를 열기도 했고, 매주 금요일 천막농성 철야 당번도 회원들이 돌아가며 맡아 왔는데요. 투쟁 조건이 달라지면서 코로나19의 감염을 피해 연대할 수 있는 방법이 무엇이 있을까, 고민이 되었어요. 감염병이 노동 현장에 미치는 영향, 그 후에 변화된 모습들을 배우고 알아가며 이후의 투쟁을 이어가 보자는 생각이었습니다. 그때는 몰랐죠. 이렇게나 길어질 줄…….

호텔 노동자, 학습지 교사, 도시가스 검침원, 콜센터 상담원, 재가 요양보호사. 이제까지 여러 노동자들을 만났더라고요.

예. 여러 회원들이 인터뷰어로 자원해 주셨고, 인터뷰이들도 기획의도를 넘어서는 인생 경험과 훌륭한 가치관을 지니고 계셔서 소중하고 재밌는 시리즈가 되었습니다. 뒷걸음질 치다 쥐 잡은 건지 몰라도 감사하게 생각하고 있습니다.

노동자의 한 사람으로서 활동가는 어떤가요? 코로나의 영향을 느끼시나요.

그럼요. 지금 이 인터뷰도 사무실이 아니라 집에서 하고 있습니다. NPO상상센터+에 입주하고 나서 두 번째 재택근무입니다. 7월 말에 사무실에 다녀가신 분이 확진되셨고, 밀접접촉자들은 2주 자가격리를 했어요. 저는 2차 접촉자라서 일주일 정도 집에서 근신을 했지요. 자가격리는 예상보다 까다롭고 어려웠습니다. 이번에는 3단계를 간다 만다 흉흉한 소식을 듣고 8월 마지막 주부터 재택근무 중입니다.

그보다는 노동운동단체의 활동가로서 집회가 줄어든 게 가장 큰 변화죠. 여름 집회, 겨울 농성처럼 진저리쳐지는 일이 없는데, 그마저도 그리울 만큼 집회가 사라졌습니다. 노동절에도 민주노총 집회가 없었으니까요. 그때 '비정규직 긴급행동'에 회원들과 함께하기를 참 잘했다 싶습니다. 그 후로 대규모 집회를 찾기 어려워졌죠.

그래도 몸은 편하지 않나요? 장기 농성 이후에 온몸이 쑤신다, 몸에 바람이 들었다고 갖은 생색을 내고 다니신다고 들었는데요.

사실은 사실입니다(정색;;). 조금만 추워도 힘들어요. 그나저나 마음이 편치가 않습니다. 문자 그대로 좌불안석이에요. 예산 규모가 작고 회비로 근근이 꾸려나가는 단체인데, 회원들이 임금이나 제대로 받고 계신 건지, 비정규직 노동자들이 소리도 내보지 못하고 잘려 나가는데 모르고 있는 건지 여러 가지로 불안하고 그렇습니다. '불안'이 코로나 시대 활동가의 심경을 대변하는 단어일 것 같아요.

서비는 대면 행사를 꾸준히 하지 않았나요?

예. 총회도 정기총회, 임시총회 두 번이나 했고 도란도란, 빈털터리공부방, 지역노동정책 간담회 등 한 달에 한 번꼴로 공개 행사를 했죠. 아무래도 코로나 때문에 대대적인 홍보는 하지 않았고 방역에 신경을 썼습니다. 정기 운영위도 매월 개최되었고 정책팀이나 소모임들도 열렸습니다. 참가자 중에 확진자가 나올까봐 걱정이 되기는 했습니다. 이런 스트레스가 알게 모르게 누적되어 이제는 지친 것 같아요. 8월 정기운영위원회는 처음으로 온라인에서 열렸고, 9월은 또 어떻게 될지 가봐야 알 것 같습니다.

슬슬 인터뷰를 마칠까 하는데요. 더 하시고 싶은 말씀이 있나요?

아니, 왜 저는 이렇게 짧게……. 저도 제 나름대로 파란만장한 인생을……. 쿨럭;; 코로나19의 감염으로 어린이, 노인들이 힘들어하고 그들을 돌봐야 하는 양육자와 의료인들이 고생을 하니까 안전을 최우선에 두고 최대한 조심하고는 있습니다. 그러나 안전을 빌미로 저항하는 습관을 잃어버리고 있는 건 아닐까 걱정이에요. 활동가는 의심하는 사람이고, 저항하는 사람입니다. 비말이 튈까 봐 소리치지 않고 접촉을 할까 봐 행동하지 않는 사람이 되는 건 아닐까 두렵기도 합니다. 새로운 시대의 새로운 저항을 여러분들이 함께 고민해 주시고, 아이디어를 주셨으면 합니다. 감염병의 시대를 어떻게 나고 계시는지 알려 주셔도 좋고요.

감염병 시대의 노동자 인터뷰는 앞으로 어떻게 되나요?

예상보다 길어지기도 했고, 한두 분 정도 더 모시고

마무리할까 하는데요. 나를 인터뷰 해달라, 내가 인터뷰를 하겠다, 자원이 있으면 오래 할 수도 있어요. 관심과 지지 부탁드립니다. 건강하게 만나요.

10월

유준이 엄마
김이진

부모 입장에서는
하루하루 때우는 거예요.
오늘은 어느 공원 가서 때우지,
그런 생각만 해요.

인터뷰어: 김희연

우리는 서로를 돌볼 수 있을까?
: 드러나지 않는 수고로움을 이야기하다

코로나19바이러스가 길어지면서 내가 느끼는 불안은 아무래도 개인적인 것이 아닌 것 같다. 임금이 삭감되고 실업과 해고가 늘어나고 내가 상상하지 못하는 일들이 어디선가 벌어지고 있으리라는 예상, 확신이 나를 불안하게 만든다. 누군가 질식해가고 있는데, 우리가 그 낌새를 느끼지 못하고 있는 건 아닐까. 사회적 불안이 나를 잠식한다. 노동자들을 계속해서 만나면서 한편으로 아이와 양육자들이 궁금해졌다. 양육자들의 보살핌 노동 강도가 염려되었다. 지독히 비참한 사례나 여유 있는 가정만의 이야기가 아니라 우리 주변 다양한 양육자의 목소리를 들어보고 싶었다. 그래서 김이진 회원을 감염병 시대의 노동자 여섯 번째 주인공으로 초대했다. 코로나 시대의 보살핌은 왜 노동이 아니란 말인가.

이야기를 나누다가 사진 촬영을 잊었다.
배재근 회원이 집에서 찍은 김이진 회원.

**사진으로 보니 유준이가 아주 많이 커서 놀랐어요.
또래보다 몸집이 큰 편 아닌가요. 지금 몇 살이지요?**

2016년 7월생이에요. 몸은 또래보다 살짝 큰데 얼
굴이 일찍부터 윤곽이 잡혀 있었어요.

집에서 돌보고 계시나요?

낳고 나서부터 제가 끼고 키웠어요. 작년 가을부터 어린이집에 보냈고요. 관악구에 살다가 은평구로 이사 오고 나서부터죠. 6세가 되면 유치원 경쟁률이 심해지니까 5세인 올해부터 공립 유치원에 보냈어요. 이제 좀 편해질까 했는데, 2월에 코로나가 터진 거죠.

지금은 유치원에 나가고 있나요?

아이들 상황이 다 다르잖아요. 영어유치원, 사립유치원, 국공립마다 다양한데 국공립은 더 몸을 사려요. 조금만 감염이 확산되어도 원격으로 전환하고 등원은 거의 안 했어요. 9월 14일부터 주 1회 등원해서 한 시 반에 하원하고 있어요.

한 시 반이면 거의 가자마자 눈 깜짝하면 오는 거겠어요.

그렇죠. 이제는 벗어나고 싶은데(웃음), 국공립은 맡길 수 있는 시간이 짧고 방학도 길고 한 대신 모든 게 공짜잖아요. 고민하다가 애기들도 힘들 것 같아서 보냈는데 지금 생각하면 잘한 거 같아요.

3년 동안 집에서 아이를 돌보신 이유에는 어떤 소신 같은 게 있으셨나요?

딱히 소신은 아니었어요. 다른 사람보다 늦은 나이에 아이를 낳아서 애가 예쁘기도 했고요. 월간지를 12년 동안 만들면서 마감을 12년 했었으니까 애 보는 게 쉬는 시간이었죠. 힘들지만은 않게 보냈어요. 잡지사라는 게 사람을 관리하고 의식적으로 관계를 맺어야 하는데, 자연스럽게 정리되는 시간을 가진 거죠.

당분간 직장 일을 하실 계획은 없으신가요?

유준이가 유치원에 안정적으로 다니면 크게 바라지 않고 내 활동비 내가 벌면서 올해나 내년쯤 다시 일해보자 했는데 계획이 어긋났죠. 오마이뉴스에 식물이야기를 연재하고 있어요. 편집기자가 한 달에 두 번 보내 달라고 했는데 지키지 못하고 있는 거죠. 코로나 사태에 시간이 없어요. 지금으로서는 가능하지 않을 것 같아요.

그럼 아이랑은 어떻게 지내고 계세요?

아이를 안전하게 지키는 것 외에는 초점이 없고요. 지난 7개월 동안 막연한 두려움을 가지고 사람이 없는 쪽으로만 다녔어요. 봉산도 가고, 사람 없는 절에도 가고, 텃밭 신청해서 텃밭에도 다녀요. 유준이가 씨 뿌리고 수확도 하는 기쁨을 알기를 바랐는데 그건 엄마의 로망이에요. 싹 났을 때 잠깐 관심을 보이고 대부분 흙 놀이하고 포크레인으로 파고 놀아요. 모든 아이들은 건설 노동자예요.

괜찮으신가요? 주변에 양육자, 특히 엄마들의 이야기를 들어보면 아이가 없는 저도 마음이 너무 아파요. 누군가에게 24시간 붙어서 보살펴야 한다면 누구라도 힘들 텐데, 힘들어하면서도 자책을 많이들 하시고.

7개월이 기억나지 않아요. 어제 일도요. 부모 입장에서는 하루하루 때우는 거예요. 오늘은 어느 공원 가서 때우지, 그런 생각만 해요. 시간이 흐르기만 기다리고 있고 지금은 일상으로 받아들였어요. 끝나지 않을 거고 일상이 되겠구나, 그렇게.

다른 볼일이 있을 때는 아이를 어디다 맡기실 수 있나요?

남편(배재근 회원)이 돌보죠. 그래서 집에서 키울 수 있던 거고요. 남편이 제일 힘들어하는 부분이 기한이 정해졌으면 좋겠대요. 1년이면 1년이다, 그러면 좋은데 모든 게 불확실하잖아요. 계획 없이 땜빵을 하는 거죠. 저도 이태원, 광화문 이런 식으로 감염이 늘어날 때마다 깊이 화가 났죠. 이제 어느 정도 생활할 수 있겠구나 싶을 때마다 터지고, 또 터지고 하니까.

영혼이 빠져나간 유준이 아빠. 사람이 없는 곳으로 데리고 다니며 아이를 전담해야 하는 양육자의 고됨이 얼굴에 그대로 묻어난다.

유준이는 잘 지내고 있나요? 유준이가 의자에 인형을 놓아둔 사진을 보니까 웃기면서 슬프더라고요. 만 4세 아이도 인형에 마스크를 씌우고 간격을 두는데 다자란 어른들이 왜 부주의한 걸까요.

유준이는 처음 어린이집에 갔을 때부터 적응을 잘했어요. 1주일 적응기간 동안 어린이집에 어머니가 같이 와달라고 해서 가 있었는데 10분 만에 엄마를 찾지 않더라고요. 낮잠 시간 전에 데리고 오다가 아이가 친구들과 자고 싶다고 해서 부담 없이 놔둘 수 있었어요. 지금도 실랑이하지 않고 유치원에 잘 가요. 유준이뿐 아니라 아이들이 사회화가 이루어지지 않는 게 걱정이죠.

코와 입을 마스크로 가리고 서로 거리를 둔 유준이 인형들.
우리는 아이에게 어떤 세상을 만들어 주고 있는 걸까.

저도 그 생각만 하면 어른들이, 사회가 아이들에게 큰 죄를 짓고 있다 싶어요.

아이가 어떤 놀이를 했는지, 어떻게 자라고 있는지 신경 쓸 수가 없는 상황이에요. "손 닦았어?" "엘리베이터 버튼 누르지 마." 잔소리만 하게 되죠. 공원에 가서 다른 아이들에게 같이 놀자고 말 걸면 말리고요. 지금 시기에는 또래 놀이가 필요한데, 필요한 자극을 전혀 받지 못하고 있어요.

이 와중에 어머니도 편찮으셨다고요?

엄마가 원래 여기저기 잔병이 많아 병원에 자주 다니셨어요. 이번에는 입원이 필요하다고 해서 본가(경북 문경)에서 서울 종합병원으로 오셨죠. 입원 전에도 힘들었어요. 경북 지역은 신천지 때문에 활동이 전면 금지되었는데 엄마는 계속 어지럽다고 하고 그 상태가 지속되면서 원인을 알지 못하는 동안 고생을 하셨죠.

입원은 얼마나 하셨나요?

병원에는 열흘 계셨고 지금은 문경에 가셨어요. 코

로나 때문에 병원에 보호자가 한 명만 있을 수 있어서 삼남매가 돌아가면서 간병을 했어요. 비혼 여성인 언니가 돌봄의 중심에 있어요. 오빠도 휴가를 내서 역할을 하고, 저는 밤 당번을 맡았어요. 엄마가 낮보다 밤에 더 아프셔서 저를 볶으셨죠. 온순한 성격이신데도 서울 병원에 적응하지 못하셨어요. 간병인을 불렀다가 엄마가 불편해하셔서 그만두게 했죠.

낮에는 아이를 돌보고 밤에는 어머니를 돌보신 거네요.

앞으로는 부모님을 돌보는 일도 조금씩 준비해야겠다고 생각했어요. 언니에게 가중된 부담도 나눠야 하고, 부모님이 원하시는 게 무엇인지도 알아야 하고, 자연스럽게 노화와 죽음의 과정을 받아들이는 훈련을 해야 할 것 같아요.

(* 이진 님과 어머니의 입원 이야기를 좀 더 자세하게 나눴다. 가족들의 사생활이라서 여기서는 생략하지만, 관리상 책임을 이유로 간병인 휴게실을 막아버린다거나 문해력이 떨어지고 신기술에 익숙하지 않은 노인들을 혼란에 빠뜨리는 병원 행정에 분노할 수밖에 없었다.)

이제 유치원에 유준이 데리러 가셔야겠네요. 육아와 보살핌, 돌봄 노동에 대해 하시고 싶은 말씀이 있나요?

엄마들끼리 출산과 육아에 대한 정보 공유가 전혀 안 돼요. 점조직이에요. 구체적으로 어떻게 힘든지 모르는 거예요. 낳자마자 전쟁터고 돌이 지나야 정신이 조금씩 돌아와요. 아이를 키우면서 인생을 다시 배워요. 육아가 어려운 게 직접 겪지 않으면 추체험하기가 어려워요. 육아라는 게 사회 공동의 주제로 등장하고 교육되지 않는 한 해결되지 않을 것 같아요.

코로나19 이후에 저도 사회가 책임지지 않는 육아에 대해 분노가 더더욱 높아지고 있어요. 엄마들은 더하겠죠.

코로나 이전으로 돌아갈 수 있을까? 우리가 극과 극을 보고 있잖아요. 취약계층 아이들은 생존을 위협받고 있어요. 밥이 끊어지고, 연대가 끊어지고, 성장이 멈췄고. 몸과 마음의 성장이 멈췄잖아요. 아이들에게 보상할 수가 없어요.

여성만이 이 공백을 메우고 버텨야 한다는 것도 안

타까운 일이죠.

　육아는 중노동이에요. 아이는 공짜로 크는 게 아니고 스스로 자라지 않아요. 가르쳐 주고 반복적으로 알려줘야 해요. 아이의 성장도 보상할 수 없는데 여성의 노동은 또 뭘로 보상받죠? 아이를 키우면 현재만 있어요. 시간을 갈아 넣는 일이에요. 아이가 예쁘고 화가 나고 혼란스럽죠. 이게 사는 건가. 하루하루 때우는 게. 눈빛을 빛내는 애를 바라보며 '다른 사람들은 어떻게 하고 살지?', 사람들의 목소리가 듣고 싶어요.

　나도 언론이 알려주지 않는, 사람들이 들으려 하지 않는 수많은 목소리가 듣고 싶다. 바쁜 중에 인터뷰에 응해 주신 이진 님에게 감사와 응원의 마음을 보낸다. 인터뷰를 마치며 이진 님이 남긴 한 마디가 글을 맺는 데에도 적절해 보여 옮긴다. "신기한 게 이런 환경에서도 아이는 자라더라고요. 최악의 환경인데도 아이들은 놀고 자라요." 성인이자 동료 시민인 우리는 아이가 '어떻게' 놀고 자라날 것인지 얼마나 고민하고 있는 걸까.

온라인 애프터 인터뷰
(21. 12. 12)

먼저 올해의 근황을 간단히 여쭈어보고 싶습니다. 2021년 한 해 어떻게 지내셨나요?

이제 지난 일은 잘 기억나지 않고 현재만 살아가요. 그냥 하루하루 보내는 것에 급급하죠. 작년에도 코로나에 대한 두려움이 컸지만, 지금은 가장 가까운 곳에서 확진자가 실제로 발생하고 부모들끼리 불편한 일이 생기기도 합니다. 얼마 전에는 유준이 친구가 다니는 체육관에서 확진자가 생겨 친구 엄마한테 연락이 왔어요. 자기 아이가 접촉자라 유준이도 검사 받았으면 좋겠다고요. 그러면서 그 친구 엄마가 너무 풀이 죽고 미안해서 어떻게 반응해야 할지 모르겠더라고요. 확진자가 되면 자신이 감염 매개체가 되고 주변에 민폐를 끼친다는 생각에 굉장히 힘든 것 같습니다.

가족 분들은 모두 건강하신지요?

지난 금요일, 유준이가 다니는 유치원에서 코로나 확진자가 생겼습니다. 유준이보다 한 살 윗반 아이가 처음에 걸렸고, 하루 지나 유준이 반에서 추가 확진자가 나왔어요. 지금은 유치원 등원이 중지되었고 폐쇄 중입니다. 장난감이나 물건을 함께 쓰고 일종의 공동생활을 하는 유아들은 누가 한명 걸리면 우르르 연쇄 감염이 일어나요. 12월 말이 겨울방학 시작이었는데 일찍 시작된 셈이죠. 다행히 우리는 별 탈 없이 넘어갔습니다. 유치원 일만 해도 벅찬데 오늘 유준이가 다니는 미술학원에도 확진자가 생겨 다음 주 학원 쉰다고 연락을 받았습니다. 코로나가 턱 밑까지 다가왔다는 느낌입니다.

올해도 코로나가 계속되면서 돌봄에 어려움이 많으셨을 것 같습니다. 작년 인터뷰하실 때에 비하여 돌봄노동 면에서 올해 더 나아진 점과 더 나빠진 점을 꼽아주실 수 있나요?

외부적인 상황이 나아진 건 없습니다. 돌봄노동, 가사노동에 몸과 마음이 너덜너덜하죠. 긴 호흡으로 뭘하는 게 불가능해요. 그나마 나아진 점은 유준이가 한 살 더 먹어서 말귀가 제법 늘었다는 거예요. 상황을 보는 눈치도 좀 생겼고요. 더 나빠진 점은 유준이가 이제 곧 일곱 살이 되는데 마냥 집에서만 놀 수 없다는 거예요. 날마다 엄마랑 노는 게 뭐 그리 재밌겠어요. 또래랑 놀이도 해야 하고, 이것저것 자극이 필요하고, 하고 싶은 일도 많은 나이인데 충족시켜 줄 수가 없어요. 유치원도, 학원도, 놀이터도 전혀 안전하지 않아요. 요 일주일 사이에 확진자가 펑펑 터졌어요. 마치 지뢰밭 걷는 기분입니다.

마지막으로 하고 싶으신 말씀이 있으면 자유롭게 부탁드립니다.

서로 각자가 다른 입장일 겁니다. 아이가 있는 집은 늘 노심초사하고, 반면에 젊은 세대들은 코로나가 그다지 무서운 질병이 아닐 수도 있고 일상의 위협을 받는 게 달갑지 않을 수 있을 겁니다. 젊은 세대나 코로나에 대한 생각이 다른 경우에는 왜 저리, 유난 떠나 싶을지도 모를 거고요. 뉴스 매체에서 환자 숫자만 세지 말고, 각자의 이야기를 들려주는 기획들을 통해 서로의 입장을 이해하는 다양한 계기가 만들어지면 좋겠습니다.

11월

세종호텔 룸어텐던트
차현숙

우리가 노동조합을 하지 않았다면
회사가 법적인 것 하나부터 열까지
따져가면서 준비를 하고
우리 눈치를 봤을까.
그런 것에 뿌듯함이 있어요.
열심히 싸웠기 때문에
그나마 구조조정을 늦추고
함부로 하지 않은 것 같아요.

인터뷰어: 김희연

세상이 더 나빠지는 건 막지 않았을까?

3월 16일부터 시작된 세종호텔 객실 휴업은 장장 5개월이나 이어져 8월 15일까지 이어졌다. 아무도 예상하지 못했던 코로나19 바이러스의 유행은 길었고 여전히 계속되고 있고 미래는 불투명하다. 8월 15일 객실 영업을 재개한 세종호텔은 정규직 룸어텐던트들을 교대로 나오게 하고 있다. 세종호텔 노동조합 차현숙 조합원은 9월 16일부터 10월 15일까지 근무하고 다시 비번으로 돌아갔다. 10월 22일부터 11월 21일까지 한 달의 휴식이 끝나면 정부의 고용지원금이 나오는 8개월을 다 채우게 되는 것이어서 이후 회사 측이 어떻게 나올지 걱정이다. 로비 쪽 청소를 담당했던 용역회사와는 휴업 한 달 만에 계약 기간이 만료되었는데 세종호텔은 재계약을 하지 않았다. 객실 쪽 일부를 맡았던 용역업체와도 10월 말 계약 만료가 다가오고 있고 역시 재계약을 하지 않는다고 한다. 객실 외에 연회든 세탁이든 계약 만료가 된 업체의 노동자들은 일자리를 잃었다. 지난 인터뷰 후 7개월이나 시간이 흘렀으니 무언가 수습이 될 줄 알았건만 더욱 뒤숭숭해진 분위기 속에서 차현숙 조합원을 다시 만났다.

오래 일하다 쉬니 시간을 어떻게 써야 할지 모르겠더라는 차현숙님

쉬는 동안 어떻게 지내셨어요?

처음에는 시간을 어떻게 써야 할지 모르겠더라고요. 오랜 기간 일하다 쉬니까 어떻게 해야 하는지 모르겠는 거예요. 그동안의 농성이나 투쟁 때문에 불안한 마음도 있었고요. 두 달 지나고 조금씩 익숙해지면서 편해지더라고요. 일도, 투쟁도 전혀 안 하니까 편한 거예요. 석 달 되니까 겨우 익숙해졌어요.

코로나 때문에 멀리 갈 수는 없었겠지만 짧은 여행이라도 다녀오지 않으셨나요?

친정엄마가 창원 요양병원에 계셔서 모시고 고향인 사량도에 다녀왔죠. 상태가 안 좋아지는 엄마를 보면서 충격도 받고, 가고 싶어 하시던 곳이니 다녀오기를 잘했다는 생각도 들고 몇 가지 마음이 들더라고요. 그거 말고는 주말에는 신랑하고 근처 둘레길 정도를 다녔어요. 어디 가기도 무서우니까, 애들이 못 가게 하니까. 다 내려놓고 쉬니까 일상이 이렇게 좋은 거구나, 했죠. 흔히 얘기하는 일상적인 생활이 이런 거구나, 싶었어요.

복귀해서 다시 한 달 일해 보니까 어떠셨어요?

옛날처럼 하루에 객실 열다섯 개를 하는 게 아니니까 나쁘지 않더라고요. 일할 만하네, 그랬죠. 세종호텔이 다른 곳에 비해 담당하는 침대 수가 많은 편이어서 힘들거든요. 닦은 데 또 닦고 더 깨끗하게 해요.

노동자가 무리하지 않고 일하려면 정규직 인원이 얼마나 충원되어야 할까요?

일이 많을 때는 용역을 쓰고 연차를 미루고 비번을 바꿔가며 일하거든요. 한 대여섯 명은 더 뽑아야 할 거예요. 회사가 그럴 리는 없겠지만.

코로나 때문에 해외에서 온 손님도 거의 없을 텐데 어떤 사람들이 호텔을 이용하고 있나요?

8월에는 호캉스(호텔+바캉스)를 즐기러 온 사람들로 바빴다고 하고요. 주말에는 패키지 상품을 이용하는 가족 손님이 와요. 희한하게 오긴 오더라고요. 주방은 행사가 많대요. 그동안 밀린 결혼식 같은 행사들이요. 주말에는 객실 쪽에서 행사 헬퍼로도 나가요.

제가 바깥에서 보기에도 상황이 좋지 않은데요. 회사가 앞으로 어떻게 나올까요? 노동자들은 어떻게 될까요?

세종연합노조(*친기업 복수노조)가 대표로 나선 단체교섭에서 이미 임금 동결은 합의했고요. 장사가 잘

될 때도 정규직을 내보내려 했으니까 지금은 더하겠죠. 정규직은 신규 채용 없이 정년퇴직으로 계속 줄여왔으니까요. 회사가 어떻게 할지 예상하기가 막연하고 애매하네요. 어려울 때 같이한 노동자들과 같이하겠다, 그럴 회사는 아니고요. 정규직 비율을 줄일 절호의 기회를 놓치지 않을 것 같아요.

호텔에서 일하고 노동조합을 하면서 좋은 쪽이든 나쁜 쪽이든 기억에 남는 순간이 있으신가요?

옛날이야기이긴 하지만 회식, 야유회, 송년회처럼 일하는 사람들이 다 모여서 놀 때가 참 좋았어요. 로비로 발령 났을 때 벽에 붙어있는 사보 앞에서 1인 시위를 하며 이러쿵저러쿵하면서 지나가는 동료들의 시선을 받았을 때 착잡했고. 로비에서 객실로 복귀했을 때는 "저 사람들이 못 돌아올 줄 알았다"는 말을 듣게 되어서 통쾌했죠. 파업했을 때 연합노조 위원장을 필두로 직원들이 밀고 들어와서 둘러싼 일은 트라우마로 남았고. 지나간 일인 줄 알았는데 지금도 여러 사람에게 둘러싸이면 그때가 생각나더라고요. 손님은 따뜻했던 손님도, 까탈스러운 손님도 기억에 남고요.

인터뷰는 끝나지만 앞으로 함께 해야 할 일이 생길 것 같네요. 못다 한 한 마디가 있으시다면?

우리가 노동조합을 하지 않았다면 회사가 법적인 것 하나부터 열까지 따져가면서 준비를 하고 우리 눈치를 봤을까. 그런 것에 뿌듯함이 있어요. 열심히 싸웠기 때문에 그나마 구조조정을 늦추고 함부로 하지 않은 것 같아요. 그동안 했던 노동조합 활동에는 후회가 없어요. 목소리를 내는 사람이 있어야 뭔가 변화가 있을 수 있고, 최소한 안 좋은 쪽의 변화라도 늦출 수 있는 건 확실하니까요.

*

2022년 현재, 세종호텔 앞은 다시 투쟁의 현장이 되어 있다. "정규직 비율을 줄일 절호의 기회를 놓치지 않을 것 같다"는 차현숙 님의 말대로, 세종호텔은 2021년 12월 10일 12명의 노동자를 해고했다. 노조의 고통 분담안조차 무시한 폭거였다.

노조가 호텔 로비에서 농성을 하자 사측은 업무방해금지가처분신청을 냈고, 서울중앙지법 재판부는 이에 대해 "건물을 점거하거나 호텔 반경 100m 안에서 경영진 규탄 취지의 내용이 담긴 피켓, 현수막을 거치해선 안 된다. 이를 위반할 경우 위반행위 1회당 1백만 원을 회사에 지급해야 한다"는 결정을 내렸다. "노조 행위는 고객에게 편안하고 쾌적한 객실을 제공하는 것이 주된 업무인 4성급 관광호텔의 정상적 업무수행을 현저히 곤란하게 했다"는 이유다.

30년 가까이 헌신한 노동자들을 엄동설한에 내치는 호텔이 도대체 얼마나 '편안하고 쾌적'할 수 있을까?

* * *

* 국내 여행을 자주 다니는 사람이라서 호텔 노동자를 위해 투숙객이 할 수 있는 일이 궁금했다. 노동 조건 개선에는 사측의 변화가 근본적인 해결책이고 투쟁하는 노동자와의 연대가 우리의 할 일이겠지만 좋은 이웃이 되는 작은 실천으로 몇 가지를 소개한다.

1. 연박을 할 때는 청소를 하지 않아도 된다는 표시를 걸어 주세요.

: 투숙객이 청소를 거절하면 다른 객실을 더해 담당해야 하는 호텔도 있지만 원래 숫자에서 빼는 호텔도 있다고 합니다. 청소는 필요 없지만, 쓰레기를 비우고 수건만 갈아달라고 요청해도 됩니다.

2. 물이나 술 같은 액체류는 내용물을 쏟아버리고 놓아 주세요.

: 쓰레기는 쓰레기통에 넣고, 분리수거를 어느 정도 해주면 청소할 때 편해요. 무엇보다 쓰레기 안에 액체를 비우고 놓는 것이 큰 도움이 됩니다. 이건 대학이나 빌딩 청소 노동자들도 강조하시는 부분입니다.

3. 침구나 수건은 개거나 단정하게 두지 마세요.

: 사용한 침구와 수건은 노동자가 다시 펼쳐서 세탁해야 하니까 개지 말고 헝클어진 채 두는 것이 좋습니다.

4. 욕실 사용 시 세면대와 샤워 부스 안에만 물이 닿도록 해 주세요.

: 한국은 건식 화장실 문화가 아니라서 그런지 사방에 물이 튀어있다고 합니다. 물청소를 할 수 없는 부분이 있고 물기 없이 닦아놔야 해서 욕실 청소가 힘들다네요.

추천사

추천사 1

전수경
노동건강연대 활동가

일하는 사람,
일하는 여성의 노동에 대해서
존중하고 감사하는 마음이
우리 공동체에 필요한
재난 극복 매뉴얼일 것입니다.

일하는 여성의 목소리
: 감염병 시대의 재난 극복 매뉴얼

코로나19가 세계를 덮쳤다고 합니다. 바이러스는 국경선으로 나뉜 GDP의 많고 적음을 가리지 않고, 적도의 위와 아래 기후 차이를 가리지 않고 창궐합니다. 가난한 자, 부자를 가리지 않고, 여성과 남성을 가리지 않고, 직업을 가리지 않습니다. 검사를 받기 위해 길게 선 줄을 보면서 한 사람 한 사람이 다르게 마주쳐야 하는 코로나19에 대해서 관심을 갖는 것은 쉽지 않습니다. 공동체 안에서 사회 안에서 위험은 균질하게 오는 것처럼 보입니다.

개인의 공간을 벗어난 사회적인 장소에서 QR코드로 '나와 타인의 안전을 위하여 바이러스를 옮기지 않아야 한다.' 는 약속을 이행하면서 표준적인 재난 극복 매뉴얼이 작동하는 것 같은 안도감이 들기도 하죠.

그러나 우리는 재난이 같은 강도로 같은 종류의 어려움을 주는 것이 아니라는 것도 알고 있습니다. 재난 극복 매뉴얼은 일차적인 행동수칙을 안내해주기는 하지만 매뉴얼로는 담을 수 없는 사람 수 만큼의 재난 대응 방안이 필요합니다. 우리는 이것을 '재난 속에 살아가기'가 일상화된 후에 깨닫고 있습니다. 바이러스가 도착한 초기에는 허둥대느라 지나쳤습니다.

거리두기를 위해 재택근무가 활성화되었다고 기술을 찬양할 때, 온라인으로 업무가 가능한 직업과 그렇지 않은 직업이 있다는 것이 더 많이 이야기되었어야 합니다. 사람을 접촉해야 하고 사람의 목소리를 들어야 하는 일이 멈춰져서는 안 된다는 것을 의심하지 않았어야 합니다.

〈감염병 시대의 여성노동자〉가 담은 6개의 이야기는 다 달랐습니다.

코로나19가 와도, 바이러스가 우리를 분리시켜 놓아도 사람을 접촉하고 돌보고 도시의 안전을 지키는 여성 노동자의 이야기는 미뤄둘 필요가 없는 것이었습니다.

호텔에서 일하는 차현숙 님은 호텔 예약이 취소되고 투숙객이 감소하는 상황에서 자신의 힘으로 일자리를 지키거나 소득을 유지하기 어려운 상황에 처했습니다. 지켜야 하는 노동조합이 있다는 것은 그것이 꼭 노동조합이라서가 아니라, 악 소리 한번 내지 못하고 일로부터 떨어져나가는 감염병 시대의 노동자들에게 무엇이든 잡을 것이 있다면, 소중하다는 생각을 갖게 했습니다.

학습지 교사를 하는 유득규 님은 사람을 접촉해야 하는 직업을 갖고 있습니다. 코로나19로 접촉이 기피해야 할 업무 방식이 되었을 때 노동시간이 감소되어 소득도 줄었지만, 동시에 자신의 의지로 사용이 가능한 시간을 얻게 되었습니다. 돈을 잃은 대신 시간을 벌었다는 것을 환영하는 노동자들은 많지 않죠. 유득규 님은 그동안 너무나 애쓴 자신을 돌아보게 되었고, 완결, 완성에 쫓기는 초조감 대신 열린 마음을 갖게 되었네요. 한 수 배웠습니다.

도시가스 검침을 하는 김은숙 님은 도시의 안전을 떠받치는 소중한 일을 하면서도 바이러스에 대한 두려움으로 사람도 경계하게 되는 대도시의 시민들에게 마음을 조금씩 다치기도 한 것 같습니다. 그러나 일에 대해 갖는 자부심, 조직과 업무에 대한 통찰, 가족의 신뢰 같은 것들이 마음을 든든하게 만들어 주었습니다.

콜센터 노동자 이미경 님은 정서적, 물리적 노동환경을 세심하게 구성하는 것이 감염병을 예방하는 데 어떤 역할을 하는지 알려주고 있습니다. 모두에게 공평할 줄 알았던 '거리두기' 조차 확보해 주지 않는 콜센터가 얼마나 많은지, 그런 곳에서 노동자들이 코로나19 앞에 감염되고 있다는 것이 알려졌을 때 재난의 불평등성은 추상적 개념이 아니라는 것을 알 수 있습니다. 이미경 님의 이야기는 노동을 존중하는 일터가 감염병에서도 안전하다는 것을 가르쳐 줍니다.

요양보호사 오귀자 님은 돌봄이 얼마나 전문적이고 숙련된 노동을 필요로 하는지 알려주고 있습니다. 자신이 해 온 일의 역사만큼 일을 사랑하고 돌봄노동자라는 정체성으로 자신의 말을 찾아서 해주시는 오귀자 님의 이야기는 흔하게 들을 수 없는 돌봄 노동, 여성의 목소리였습니다.

일하는 여성의 이야기의 끝에 유준이 엄마 김이진 님의 이야기가 실려 있는 것은, 양육이 얼마나 섬세하고 지적이고 고강도의 노동인지 말해 주는 것 같습니다. 양육과 가사노동의 고됨은 너무도 적게 이야기되고 있습니다. 보이지 않는 곳에서 육아와 가족 돌봄을 하고 있는 코로나19 시대 여성들의 이야기를 더 많이 들어야 한다고도 생각했습니다.

〈감염병시대의 여성노동자〉와 같은 이야기가 많이 들리길 바랍니다.

재난 앞에서 안전하기 위해서라도, 노동을 존중해야 한다는 목소리를 축소하지 말고 확장해야 합니다. 코로나19앞에 잠시 주춤했지만 우리 스스로 다시 배우고 있습니다. 사람의 개입 없이 자동적으로 되는 재난 대응 같은 것은 없습니다. 일하는 사람, 일하는 여성의 노동에 대해서 존중하고 감사하는 마음이 우리 공동체에 필요한 재난 극복 매뉴얼일 것입니다.

추천사 2

최가은
문학평론가

이들의 '문제'는
공동의 고민이 되어야 한다.
'새로운 연대'로서,
사람들의 목소리는
계속되어야 한다.

우연이 아닌 이야기들

"다른 사람들은 어떻게 하고 살지? 사람들의 목소리가 듣고 싶어요." '유준이 엄마' 김이진 씨가 말한다. 그는 3년하고도 수개월 간 "사회가 책임지지 않는" '중노동', 돌봄 육아 중이다. 팬데믹 이후 온전히 부모, 특히 여성에게 내맡겨진 육아의 고통은 구체적인 보상도, 그럴 듯한 전망도 보이지 않는 채로 그저 이어지고 있다.

그런데, 아들 유준이를 향한 사랑으로 근근이 유지 중인 이 위태로운 울타리는 이진 씨에게 자꾸만 그것 바깥의 아이들을 떠올리게 한다. 아이들의 건강한 성장에 무관심한 사회는 가정이라는 최소한의 울타리를 지니지 못한 아이들의 삶에 무감한 것을 넘어, 그들의 생존을 위협한다. 코로나19 이후 "밥이 끊어지고, 연대가 끊어지고…." 아이들의 몸과 마음의 성장도 멈춘 것만 같다. 우리 사회는 지금 어디를 향해, 어떻게 가고 있는 것일까. 이 겹겹의 좌절 속에서 김이진 씨가 원하는 것은 같은 시기를 통과하는 다른 이들의 목소리인 것이다. 감염병의 시대에 얼굴을 마주하고, 손을 마주잡는 일이 어려워졌다는 말은 더 이상 비유적

153

인 의미가 아니다. 그런데 얼굴을 마주하고, 손을 마주 잡을 때 마음의 힘과 변화의 힘을 지치지 않고 길러낼 수 있는 사람들이 있다. 사람들의 목소리가 듣고 싶다는 한 마디가 유독 절실하게 들리는 이유는 그 때문일 것이다.

이 고마운 기획 덕분에, 모든 것이 돌발, 우연, 불안, 위기와 불확실로 점철되고 있는 시대의 독자들은 우리와 멀지 않은 곳에 있는 사람들의 생생한 목소리를 들을 수 있게 되었다. 그들의 말은 이 책의 주제인 '감염병 시대, 비정규직, 여성 노동자, 인터뷰' 중 그 어떤 단어도 우연이 아니라는 것을 말해준다. 돌이켜보니 감염병이 창궐했고, 돌이켜보니 특히 비정규직의 고통이 극심했으며, 다시 돌이켜보니 그중 높은 확률로 여성의 이야기가 들려온 것이라는 판단은 인터뷰가 진행될수록 흐려지기만 한다. 책을 덮은 우리는 이 모든 단어가 그저 돌이켜 본 와중에 우연히 발견한 결과물이 아니라는 것을 안다. 아니, 알아야 한다.

대면과 비대면, 돌봄과 육아, 안과 밖, 낮과 밤, 출근과 퇴근, 급여와 휴식, 성차별과 폭력, 동료와 친구…. 어떤 이들에게 이 모든 것은 코로나19 이전부터 '문제'의 영역에 속했다. 문제를 더욱 문제화하면서, 우리가 속해 있고, 우리가 엮어나가는 이 사회에 일말의 변화를 만들어내기 위해 이들은 코로나19 이전과 이후를 여전히 성실하게, 그리고 열정적으로 살아낸다.

나날이 처참해져가는 한국 사회의 여러 모순을 겪어내는 한 명의 여성으로서, 그러나 개인의 생존과 공동체의 존엄을 지키기 위해 그것에 부딪치며 살아내고, 노동해야 하는 또 한 명의 인간으로서, 나는 이 책을 읽으며 그간 끌어안고 있었던 환멸과 증오를 흐릿한 용기와 희망으로 바꿀 수 있었다. 여성 노동자들의 단단한 목소리를 들으며, 일하는 자로서의 자부심과 운동가로서의 투지가 공존하는 삶의 의미를 계속해서 생각해본다.

이들이 흥분된 마음으로 전하는 일의 기쁨과 보람은 자신의 직업과 세월이 쌓은 경험에 대한 것이지, 기업에 대한 것은 아니다. 자기소개를 하던 세종호텔 룸어텐던트 차현숙 씨는 "일자리는 바뀌었지만 일은 계속했다."고 말한다. 농성도 투쟁도 노동을 위한 노동의 연장이며, '일'과 함께해온 지난 삶은 후회가 없다. 이 인터뷰집의 출간이 코로나 19로 인해 달라져야 할 투쟁 방식을 고안하는 가운데 기획된 '새로운 연대'라는 상임활동가 김희연 씨의 말이 오래 기억에 남을 것 같다. 개인의 경험을 사회적 의제로 만드는 이유는 우리 모두가 연결되어 있기 때문이며, 우리 각자의 삶은

좋든 싫든 동행하는 삶이기 때문이다. 이제 이들의 '문제'는 공동의 고민이 되어야 한다. '새로운 연대'로서, 사람들의 목소리는 계속해서 들려야 한다.

편집후기

사비

서울서부비정규노동센터 네이버 카페에 있는 인터뷰 글을 모았다. 과연 얼마나 많은 사람들이 종이책을 볼까 싶어 출판이 마뜩찮았다. 퇴근 후엔 체력을 짜내어 고양이 두 마리를 모시기 때문에 더 이상 품을 들이고 싶지 않은 마음도 있었다. 하지만 모아놓고 한 문장씩 꼼꼼히 읽다 보니 문득 인터뷰이들을 직접 다시 만나보고 싶었다. 목소리가 궁금했다. 감염병이 주는 불안과 노동에 대한 자부심이 공존하는 그 사이에서 함께 차를 마셨으면 좋겠다.

순모

인터뷰 모음을 책으로 출판할 수 있게끔 처음 기획해주고 응원해준 희윤에게 감사하다는 말을 빠뜨리면 안 된다. 희윤 덕분에 사비, 하림과 서비의 이름으로 함께 작업할 수 있었다. 아무래도 작업은 좀 피곤한 일이지만, 좋은 사람들과 함께하는 건 참 좋은 일이다. 책의 출판을 계기로 서비가 좀 더 북적

거리면 좋겠다. (https://cafe.naver.com/voice2008)
마지막으로 인터뷰의 출간을 선뜻 허락해 준 희연에게 깊은
감사의 마음을 보낸다. 희연이 아니었으면 나는 시작교실도,
서비도 알지 못했을 것이다.

하림

이미 다 진행된 인터뷰 내용을 모아서 내는 거니까 별로 어렵
지 않겠지? 라고 생각하며 가벼운 마음으로 참여했는데, 생각
보다는 할 일이 많았다. 역시 출판이란 쉬운 일이 아니었다.
그래도 반드시 기록으로 남겨야 할 노동자들의 목소리를 다
소 늦게라도 이렇게 책으로 펴낼 수 있어서 다행이라고 생각
한다. 감염병은 여전히 기승을 부리고, 그로 인한 어려움도 계
속되고 있지만, 다들 희망을 잃지 않고 이 시대를 버텨낼 수
있기를.

감염병 시대의 여성 노동자

초판 인쇄 발행 2022년 4월 20일

지은이 서울서부비정규노동센터

펴낸이 박경애
디자인 정은경

펴낸 곳 자상한시간
출판등록 2017년 8월 8일 제 320-2017-000047호
주소 서울시 관악구 중앙길 59, 1층
전화 02-877-1015
이메일 vodvod279@naver.com

ISBN 979-11-969480-3-0 0330